C.H.BECK ■ WISSEN

W0087676

Das Rechtswesen der Römer bildete eine der tragenden Säulen des *Imperium Romanum* und erlangte schließlich einen so hohen Entwicklungsgrad, daß es in Teilen weit über die Antike hinaus in Geltung blieb. Das Römische Recht prägte nicht nur während des Mittelalters und der Frühen Neuzeit die Rechtsordnungen in vielen Ländern Europas, seine Wirkungsmacht ist vielmehr bis auf den heutigen Tag erkennbar geblieben. Kenntnis und Verständnis dieses überzeitlichen Kulturgutes sind daher nicht nur für den angehenden Juristen, sondern letztlich auch für jeden historisch Interessierten unverzichtbar. Ulrich Manthe hat in dem vorliegenden, ausgezeichnet verständlichen und anregenden Buch die Entwicklung des Römischen Rechts von den frühesten Anfängen bis zur Spätantike beschrieben und erklärt sowie die großen Linien der Rezeptionsgeschichte aufgezeigt. Verweise auf moderne Rechtsnormen veranschaulichen das Nachleben antik-römischer Rechtsgelehrsamkeit.

Ulrich Manthe lehrte als Professor für Bürgerliches und Römisches Recht an der Universität Passau. Er hat zahlreiche Publikationen zur römischen Rechtsgeschichte vorgelegt. Im Verlag C.H.Beck sind von ihm erschienen: Ulrich Manthe/Jürgen von Ungern-Sternberg (Hrsg.), *Große Prozesse der römischen Antike,* 1997, und *Rechtskulturen der Antike* (hrsg. 2003).

Ulrich Manthe

GESCHICHTE DES RÖMISCHEN RECHTS

Verlag C.H.Beck

1. Auflage. 2000
2., durchgesehene Auflage. 2003
3., durchgesehene Auflage. 2007
4., durchgesehene Auflage. 2011

Dieses Buch wurde seit seinem Erscheinen ins
Italienische, Japanische und Chinesische übersetzt.

5., durchgesehene Auflage. 2016

Originalausgabe
© Verlag C.H.Beck oHG, München 2000
Satz, Druck u. Bindung: Druckerei C.H.Beck, Nördlingen
Umschlagentwurf: Uwe Göbel, München
Printed in Germany
ISBN 978 3 406 44732 7

www.chbeck.de

Inhalt

Einführung

Das römische Recht ist die einzige nationale Rechtsordnung, die sich bis zum heutigen Tag zu einem wirklichen Weltrecht entwickelt hat. Seit dem 14. Jhdt. galt es als „Gemeines Recht" in Mitteleuropa, und im 19. Jhdt. ging es in die großen Privatrechtskodifikationen ein (Code Civil des Français 1804, österreichisches Allgemeines Bürgerliches Gesetzbuch 1811, Bürgerliches Gesetzbuch für das Deutsche Reich 1896 und Schweizerisches Zivilgesetzbuch 1907), welche über ihre Tochtergesetze (die Gesetzbücher der romanischen Länder stehen dem Code Civil nahe, die Nachfolgestaaten des k.u.k-Reiches sind vom Allgemeinen Bürgerlichen Gesetzbuch beeinflußt, und die Türkei, Japan, Thailand und China haben mehr oder weniger deutsches und schweizerisches Recht rezipiert) das römisch-rechtliche System in alle Welt getragen haben.

Es ist kein historischer Zufall, daß das römische Recht die Welt erobert hat. Sein hoher Abstraktionsgrad erlaubt, es für beliebige Gesellschafts- und Wirtschaftsformen anzuwenden, was etwa für das ständestaatliche und jede winzige Einzelheit mit äußerster Akribie regelnde preußische Allgemeine Landrecht 1794 mit seinen 20000 Paragraphen ausgeschlossen wäre. Das römische Recht beruft sich nicht auf eine religiöse Legitimierung, wie es etwa das talmudische Recht tut, und ist daher unbeschränkt in Länder anderer Religion und Kultur exportierbar; es ist ein Recht der reinen Vernunft, und nicht ohne Grund basiert das grundlegende Werk unseres Völkerrechts *De jure belli ac pacis* („Das Recht des Krieges und des Friedens") des großen Philosophen des Naturrechts Hugo Grotius (1583 bis 1645) auf dem römischen Privatrecht. Schließlich ist das römische Recht auch kaum von nationalen ethischen Vorgaben abhängig (wie etwa das Recht des konfuzianischen China) und daher von zeitlich bedingten Anschauungen frei.

Die Universalität des römischen Rechts zeigt sich vor allem im Vermögensrecht, die Geschäfte der Lebenden ebenso betreffend wie die Verfügungen von Todes wegen. Zeitgebunden ist es im Personen- und Familienrecht und im Strafrecht; das Verfassungsrecht hat über Montesquieu auf unsere Zeit gewirkt, das Verwaltungsrecht und vor allem die Organisation des römischen Kaiserreiches hat eine erstaunliche Ähnlichkeit mit der Verwaltungsorganisation des britischen Empire des 19. Jhdts.

F. Engels hat das römische Recht als „das erste Weltrecht einer Waren produzierenden Gesellschaft" bezeichnet (MEW 21,301), was dazu führte, daß die sozialistischen Staaten Forschung und Lehre im römischen Recht pflegten. Daß heute in der Volksrepublik China ein großes Interesse am römischen Recht besteht und sogar eine Übersetzung des Corpus Iuris Civilis in Angriff genommen worden ist, zeigt die Aufmerksamkeit, die der Ferne Osten den Wurzeln der abendländischen Rechtskultur schenkt. Bereits im Jahre 1948, am Vorabend der Gründung der Volksrepublik China, hat der frühere Dekan der Harvard Law School und namhafte Rechtsphilosoph, der Amerikaner Roscoe Pound, der sich zu dieser Zeit als Berater der Nationalregierung in China aufhielt, eindringlich auf den Wert des römischen Rechtes für die Ausbildung der chinesischen Juristen hingewiesen. Äußerste Präzision der Darstellung, Beschränkung auf die Mitteilung des juristisch Wesentlichen und Folgerichtigkeit der Lösung gaben den Entscheidungen der römischen Juristen eine Qualität, die nicht wieder erreicht wurde. Daher hat die Wissenschaft vom römischen Recht auch als allgemeine Rechtswissenschaft einen nicht zu unterschätzenden Wert für die Ausbildung heutiger junger Juristen in aller Welt.

Eine Geschichte des römischen Rechts in ein Taschenbuch zu zwängen, trifft auf dieselben Schwierigkeiten, wie in kurzer Fassung eine Geschichte der griechischen Philosophie oder des Buddhismus darzustellen. Daher mußte, um nicht nur eine grundrißartige Ansammlung von Fakten zu bieten, eine Auswahl getroffen werden. Ein Schwerpunkt liegt im vorliegenden Buch auf dem *Privatrecht*, weil dieses die Neuzeit ganz entschieden beeinflußt hat; das öffentliche Recht (Strafrecht und Verfassungs- und Verwaltungsrecht) erweckt zwar großes historisches Interesse, hat aber geringere Auswirkungen auf unser modernes Recht und ist daher nur am Rande dargestellt worden. Ein weiterer Schwerpunkt liegt auf dem Recht der *Republik*; hier wurden die Weichen gestellt, während in der sogenannten klassischen Zeit (der Kaiserzeit) die Feinarbeit geleistet wurde. Die wichtigsten Rechtsgeschäfte des römischen Rechts haben sich schon in der Vor- und Frühgeschichte entwickelt und sind nur aus ihrer Entwicklung her verständlich. Der Leser wird daher längere Zeit mit den XII Tafeln und der Rechtsentwicklung der Republik verbringen, während das Recht der Klassik kürzer abgehandelt ist. Der Klassik das größere Gewicht einzuräumen, hätte bedeutet, ein Panorama eines schon einigermaßen fertigen Systems zu bieten, anstatt die historische Entwicklung darzustellen. Der dritte Schwerpunkt ist auf den ersten Blick kaum sichtbar. Das römische Recht ist geprägt von einem *eigentümlichen Rechtsgeschäft*, welches archaisches, vorgeschichtliches Ritual und höchste Stufe juristischer Konstruktion verbindet. Der Leser wird bald entdecken, daß die Geschichte des römischen Rechts die Geschichte der *mancipatio* ist; bis 200 n. Chr. gab es keine Epoche, in der die *mancipatio* keine Rolle spielte, kaum ein Lebenssachverhalt existierte, für den die *mancipatio* nicht nutzbar gemacht wurde. Jeder Römer kannte dieses Rechtsgeschäft und seine unglaubliche Fähigkeit, als Transmissionsriemen beliebiger Rechtsveränderungen zu funktionieren. Ein römischer Leser verstand auch sofort, daß der Dichter Horaz mit *libra et aere* (*epistulae* 2,2,158) die Manzipation (S. 20), mit *usus* (2,2,159) die *usucapio* („Ersitzung", S. 43, nicht etwa den „Gebrauch" oder gar den „Nießbrauch") meinte:

Si proprium est, quid quis libra mercatus et aere est, quaedam, si credis consultis, mancipat usus ...	Wenn es Eigentum ist, was jemand mit Waage und Erz erworben hat, und die Ersitzung gewisse Dinge, wenn man Juristen glaubt, (wie) durch Manzipation übereignet ...

Von einem Historiker, der das ausgehende 20. Jahrhundert beschreibt, erwarten wir, daß er die grundlegenden Phänomene unserer modernen Gesellschaft – Auto, Telefon, Werbung, So-

zialversicherung – untersucht und darstellt. Aber das Phäno-
men der *mancipatio* wird in den wenigsten heutigen Darstellungen der römischen Geschichte auch nur erwähnt, während
es im 19. Jhdt. für B. G. Niebuhr und Th. Mommsen noch
selbstverständlich war, die römische Gesellschaft auch aus ihrem Privatrechtsleben zu erklären.

Um dem Leser den Brückenschlag zum heutigen Recht zu
erleichtern, wird hier und dort ein Hinweis auf Vorschriften
moderner Gesetze gegeben, in denen das Nachleben des römischen Rechts besonders deutlich ist. Wer sich näher informieren will, findet im Anhang zur Institutionenübersetzung
von Behrends/Knütel/Kupisch/Seiler (Literaturverzeichnis) ein
reichhaltiges Verzeichnis der Herkunftsstellen unserer modernen Paragraphen.

I. Die Vor- und Frühgeschichte
bis zu den XII Tafeln

1. Die Verfassung der Königszeit und das *ius civile*

Die Gründung Roms liegt im Dunkel der Vorgeschichte. Jedenfalls ist im 8. Jhdt. v. Chr. eine städtische Ansiedlung auf den sieben Hügeln archäologisch faßbar, so daß das traditionelle Datum der Gründung der Stadt (21. April 753 v. Chr.) einigermaßen in die richtige Zeit weist. Alteingesessene Bürger hatten die Macht als „Väter" der Stadt *(patres)* inne, das Volk *(plebs)* bestand aus Hinzugezogenen; so bildeten sich die beiden Stände der Patrizier und Plebejer. Ein König stand den Bürgern vor.

Das Volk nahm durch Volksversammlungen Anteil an der politischen Willensbildung. Die sicher älteste Art der Volksversammlung war die nach den 30 Sakralverbänden *(curiae)* gegliederte Kurienversammlung *(comitia curiata)*. Sie assistierte bei der Amtseinführung des Königs, bei welcher ein Augur (ein Priester, der Vorzeichen deutete und die magische Wirksamkeit von Handlungen beurteilte) in ritueller Handlung magische Kraft übermittelte (Inauguration); sie war ferner zuständig für die Adoption eines römischen Bürgers, der nicht in der Gewalt eines Dritten stand, (Adrogation, S. 34) und für die Erbeinsetzung durch Testament vor der Volksversammlung (S. 34) – beide Akte berührten den Familienkult und bedurften daher der Mitwirkung der sakralen Verbände, die über den Kultus wachten. In einer zweiten Art der Volksversammlung, die frühestens gegen Ende der Königszeit, eher aber erst in der Republik entstanden ist, traten die Bürger nach Hundertschaften *(centuriae)* gegliedert an; der militärische Ursprung der *comitia centuriata* ist offensichtlich, zumal die Zenturiatversammlung auf dem nach dem Kriegsgott genannten „Marsfeld" außerhalb der Stadtmauern abgehalten wurde. Diese Versammlung übte in der Republik die höchste politische Macht aus, indem sie die Oberbeamten wählte, über Krieg und Frieden abstimmte, Gesetze beschloß und für Kapitalprozesse zuständig war (S. 38).

Ein „Rat der Alten" *(senatus)* hat sicher schon zur Königszeit als Versammlung der patrizischen Familienoberhäupter
existiert.

Der König war als sakrales Oberhaupt Leiter des Kultes und
konnte diese Aufgabe nur deshalb erfüllen, weil ihm durch die
Inauguration magische Kraft übertragen worden war (*augur*
und *inauguratio* „Übertragung der auguralen Fähigkeit" hän-
gen wahrscheinlich mit *augere* „die Kraft verstärken" zusammen). Die politische Macht des Königs hatte ihren Ursprung in
seiner sakralen Kraft; ob und wie sehr er sie ausüben konnte,
hing natürlich davon ab, in welchem Maße er sich gegen
Volksversammlung und Senat durchsetzen konnte. Es scheint,
daß die drei letzten Könige, welche Etrusker waren, eher abso-
lutistische Herrscher waren, während die Könige der Frühzeit
mehr die Funktionen eines heutigen Staatspräsidenten ausge-
übt hatten. Der legendenhaften Überlieferung nach wurde der
letzte König Tarquinius Superbus im Jahre 510 v. Chr. gestürzt;
Anlaß waren Gewalttaten, die er und seine Anhänger sich erlaubt hatten, Ursache das Aufbegehren der patrizischen Familien gegen das immer größere Machtstreben der etruskischen
Fremdherrscher.

Das altüberlieferte Recht der Königs- und XII-Tafel-Zeit
war *ius civile* („Recht der römischen Bürger, Zivilrecht"), ein
Recht, welches nur für römische Bürger *(cives)* galt; nach der
uralten Bezeichnung für die Bürger *(Quirites)* wurde dieses
Sonderrecht der römischen Bürger auch *ius Quiritium* genannt.
Angehörigen fremder Völker war das Recht der römischen
Bürger nicht zugänglich, es sei denn, man hatte diesen in einem
Staatsvertrag den Rechtsverkehr in den Formen des Bürger-
rechts (das *commercium*) zugestanden.

Der römische Begriff *ius civile* bezeichnet das gesamte spezifisch römische private und öffentliche Recht. Heute verstehen
wir unter „Bürgerlichem Recht" nicht das Recht, welches für
die Bürger im Sinne von eigenen Staatsangehörigen *(cives)* gilt,
sondern das Recht, welches für Rechtsbeziehungen von Bürgern, die keine Handelsgewerbe betreiben, gilt; für Kaufleute
gilt zusätzlich das Handels- und Gesellschaftsrecht. Alles zu-

sammen bildet das Privatrecht in Abgrenzung vom öffentlichen Recht (Staats- und Verwaltungsrecht sowie Strafrecht). In anderem Sinne bezeichnet *ius civile* dasjenige Recht, welches auf Herkommen und Gesetzen beruht, während das vom Gerichtsbeamten, dem Prätor, kraft seiner Amtsgewalt *(imperium)* geschaffene und in seinem *edictum* niedergelegte Recht (S. 67) das *ius honorarium* bildet. In noch anderem Sinne meint *ius civile* in „Corpus Iuris Civilis" das gesamte weltliche Recht (Privat-, öffentliches und Strafrecht) in Abgrenzung zum Recht der Kirche *(ius canonicum)*.

2. Spuren archaischer Strafgesetze

Mit dem XII-Tafel-Gesetz (etwa 450 v. Chr.) trat das römische Recht in die Geschichte ein. Aus mancherlei Überlieferungen kann aber auch schon ein bruchstückhaftes Bild der Rechtszustände vor den XII Tafeln gewonnen werden; es steht auch fest, daß charakteristische Züge der römischen Rechtsordnung schon vor der XII-Tafel-Gesetzgebung existierten. Bevor wir uns den archaischen Rechtsinstituten zuwenden, werfen wir einen Blick auf die Strafgesetzgebung der Königszeit.

Die Überlieferung schreibt dem König Numa Pompilius (er soll von 716 bis 673 regiert haben) ein Gesetz zu, welches zwischen vorsätzlicher und fahrlässiger Tötung unterschied:

Si qui hominem liberum dolo sciens morti duit, paricidas esto.	Wer vorsätzlich und wissentlich einen freien Menschen dem Tod gegeben hat, soll *paricidas* sein.
Si quis imprudens occidisset hominem, pro capite occisi agnatis eius in contione offerret arietem.	Wenn jemand unvorsichtig einen Menschen getötet hat, soll er für das Leben des Getöteten seinen Verwandten in der Versammlung einen Widder opfern.

Nicht sicher feststellbar ist die Bedeutung des Wortes *paricidas*. Wahrscheinlich ist das Wort aus *par* („gleich", urspr. „Verwandter") und *caedere* („erschlagen") zusammengesetzt; *paricidas* ist dann einer, der einen ihm Gleichgestellten, einen Angehörigen derselben Sippe, getötet hat. Archaische Gesellschaften kennen kein staatliches Strafrecht. Wer einen Angehörigen einer fremden Sippe getötet hat, ruft Blutrache hervor, denn die Sippengenossen des Getöteten werden den Totschläger oder einen seiner Sippengenossen töten. Gehörte aber der Getötete derselben Sippe wie der Totschläger an, so ist Blutrache nicht möglich, denn die Sippe darf sich nicht selbst bekämpfen; die einzige mögliche Sanktion ist Ausstoßung aus der Sippe. Wird der Ausgestoßene danach getötet, so wird kein Sippenblut vergossen. Der Ausgestoßene ist friedlos, *sacer* – das Wort bedeutet „der menschlichen Gemeinschaft entzogen", in positivem Sinne: „den Göttern heilig", in negativem Sinne: „verflucht". Vor diesem Hintergrund wird die Bedeutung des *paricidas*-Gesetzes deutlich: Wer einen anderen vorsätzlich getötet hatte, sollte die Strafe des Verwandtenmörders, nämlich Ächtung, erhalten. Jetzt führte eine vorsätzliche Tötung stets zur Ächtung, auch wenn der Getötete nicht derselben Sippe angehört hatte. Damit war Blutrache schlechthin verboten. Wer nur fahrlässig gehandelt hatte, konnte die Ächtung durch ein Sühneopfer abwenden. Natürlich ist die traditionelle Zuweisung des Tötungsgesetzes an König Numa sehr unsicher, und die Vorstellung, durch einen Akt der Gesetzgebung sei sowohl die „moderne" Unterscheidung der Schuldstufen als auch das Verbot der Blutrache von heute auf morgen in Kraft getreten, ist unrealistisch – wir dürfen uns aber vorstellen, daß der allmähliche rechtszivilisatorische Fortschritt im 7. und 6. Jhdt. v. Chr. stattgefunden hat.

Die antiken Geschichtsschreiber berichten über zahlreiche „Königsgesetze"; ein wenig davon dürfte auf gute Überlieferung zurückgehen, anderes mag erfunden sein. Freilich waren Gesetze nicht sonderlich bedeutend für das antike Rechtsleben; soziale Regeln, Sitte und Herkommen hatten in den antiken Gesellschaften einen viel höheren Stellenwert als das gesetzte Recht. Das archaische römische Recht wird uns daher durch die Praxis viel deutlicher sichtbar als durch Gesetze. In ganz erstaunlichem Traditionsbewußtsein vollzogen die Römer der Kaiserzeit noch dieselben Rechtsgeschäfte wie fast ein Jahrtausend früher. Von der Urzeit bis zur Spätantike begründeten sie

Geldforderungen durch *stipulatio*, übertrugen sie das Eigentum an Sachen durch das Ritual der *mancipatio*, nahmen sie andere Bürger an Sohnes Statt durch *adrogatio* auf und klagten sie ihr Eigentum vor Gericht durch *legis actio sacramento in rem* ein. Wir werden uns zunächst dem letztgenannten Ritual, der *legis actio*, zuwenden, da es das Verständnis anderer Rechtsgeschäfte erschließt.

3. Der älteste Eigentumsprozeß: die *legis actio sacramento in rem*

Für den, der eine Sache in seiner tatsächlichen Gewalt hat („besitzt"), macht es einen Unterschied, ob er ein Recht zum Besitz hat oder nicht. Besitzrecht haben grundsätzlich nur der Eigentümer, d. h. derjenige, dem die Sache gehört, oder derjenige, dem der Eigentümer den Besitz gestattet hat, indem er ihm die Sache z. B. geliehen, vermietet, in Verwahrung gegeben oder auch unter „Eigentumsvorbehalt" verkauft und schon übergeben, aber eben noch nicht übereignet hat. Wer hingegen ohne Gestattung des Eigentümers besitzt – der Dieb oder derjenige, der irrtümlich annimmt, der Eigentümer habe ihm die Sache geliehen, oder der Mieter nach Ablauf der Mietzeit –, hat kein Recht zum Besitz und muß dem Eigentümer auf dessen Verlangen die Sache herausgeben. Der Herausgabeanspruch des Eigentümers gegen den Besitzer wurde mit der archaischen „Spruchformelklage zur Herausgabe einer Sache mittels Prozeßeinsatzes" *(legis actio sacramento in rem)* geltend gemacht.

Einem glücklichen Umstande ist es zu verdanken, daß wir über die *legis actio sacramento in rem* informiert sind. Im Jahre 1816 reiste der preußische Gesandte beim Heiligen Stuhl, B.G. Niebuhr, nach Rom und entdeckte in der Dombibliothek zu Verona einen sogenannten Palimpsest, eine zweimal beschriebene Pergamenthandschrift. Der obere Text, leicht lesbar, enthält eine im 8. Jhdt. n. Chr. angefertigte Abschrift der Briefe des Kirchenvaters Hieronymus; für diese Abschrift verwandten die Mönche ein schon beschriebenes Pergament, dessen Text sie mehr oder weniger sorgfältig abschabten, um nach diesem

„Recycling" wieder genügend teures Pergament für neue Texte zur Verfügung zu haben. Freilich gelang die Entfernung der vorhandenen Schrift nicht besonders gut, und dem sorgfältigen Auge Niebuhrs blieb nicht verborgen, daß die Handschrift zweifach, an manchen Blättern dreifach, beschrieben war. Es stellte sich alsbald heraus, daß der untere Text eine Abschrift der „Institutionen" (eines Elementarlehrbuchs) eines römischen Rechtslehrers namens *Gaius* (S. 89) enthielt; Gaius hat sein Lehrbuch um 160 n. Chr. verfaßt, und die Abschrift im Veroneser Codex wurde etwa um 500 n. Chr. angefertigt, wobei der Abschreiber die Vorlage getreu, wenn auch nicht fehlerfrei, kopiert hat. Die Entdeckung war eine wissenschaftliche Sensation ersten Ranges. Zum ersten und bisher letzten Mal war ein vollständiges Lehrbuch des römischen Rechts aus der Antike aufgefunden worden – alle anderen Quellen sind nur bruchstückhaft erhalten.

Mit Hilfe chemischer Substanzen machte man die untere Schrift lesbar. Leider hat der spätantike Kopist oft fehlerhaft gearbeitet, so daß manche Stellen, auch wenn sie lesbar sind, doch zweifelhaft bleiben; und leider haben die chemischen Substanzen (Galläpfeltinktur und die sogenannte Giobertische Tinktur) die Buchstaben zwar für einige Stunden lesbar gemacht, aber danach endgültig zerstört, so daß eine Nachprüfung nicht mehr möglich ist. Dennoch gelang es, etwa 90 % des Textes zu entziffern.

Gaius hatte in sein Lehrbuch manche Relikte des archaischen Rechts aufgenommen, die zu seiner Zeit noch existierten; später ließ Kaiser Justinian alles, was nicht mehr galt, vernichten (S. 111), und daher ist Gaius für vieles der einzige Zeuge. Er beschrieb die *legis actio sacramento in rem*:

Gaius, *institutiones* 4,16: Wenn eine Sache herausgeklagt wurde, so wurden bewegbare und sich selbst bewegende Sachen, soweit sie vor Gericht gebracht oder geführt werden konnten, vor Gericht folgendermaßen *vindiziert*: Der, der vindizierte, hielt einen Stab; dann faßte er die Sache selbst an (zum Beispiel einen Sklaven) und sprach so: „Ich behaupte, daß dieser Sklave nach dem Recht der römischen Bürger mein Eigentum ist; indem ich mich auf seine Rechtslage so, wie ich sie bezeichnet habe, berufe, habe ich ihm – sieh doch her! – den Stab angelegt", und zugleich legte er den Stab an den Sklaven. Der Gegner sprach und tat in ähnlicher Weise dasselbe. Nachdem beide vindiziert hatten, sprach der Prätor: „Laßt beide den Sklaven los!" Sie ließen ihn los. Der, der zuerst vindiziert hatte, sprach so: „Ich fordere dich auf, mir zu sagen, auf welches Recht du dich bei deiner Vindikation berufst!" Der andere erwiderte: „Ich habe so, wie ich den Stab angelegt habe, Recht ausgeübt." Daraufhin sprach der, der zuerst vindiziert hatte: „Weil du zu Unrecht vindiziert hast, fordere ich dich zu einem Prozeßeinsatz von 500 As heraus"; der Gegner sprach ebenfalls ähnlich: „Und ich fordere dich zu 500 As heraus."

„Vindizieren" *(vindicare)* bedeutet in diesem Text „herausverlangen" und hängt mit dem aus dem Schullatein vertrauten Wort *vindex* zusammen. Offenbar verführt von dessen Bedeutung im nichtjuristischen Latein („Rächer"), leitet die Mehrzahl der modernen Gelehrten *vindex* von *vis* „Gewalt" und *dicere* „sagen" ab und erklärt es als „Gewaltansager"; *vindicare* sei also „Gewalt ansagen". Dahinter steht die suggestive Vorstellung, der Eigentumsprozeß sei ein symbolischer Kampf. Die Erklärung ist schon aus sprachlichen Gründen unmöglich. Im älteren Lateinischen erscheint das erste Glied eines aus Substantiv *(vis* „Gewalt") und Verbum *(dicere* „sagen") zusammengesetzten Substantivs immer in der sogenannten Stammform, d.h. im Wortkörper ohne jede Endung – *iudex* „Richter" („Recht-Sprecher"), aus *ius* „Recht" und *dicere* „sagen" zusammengesetzt, hat als erstes Glied den Stamm *iu-*, nicht etwa die flektierte Form *ius* „das Recht" (Akkusativ), und daher hätte ein „Gewaltansager" nur **vi-dex* (wenn das erste Glied die Akkusativform *vim* „die Gewalt" wäre) heißen können. Aus dieser Überlegung folgt, daß das erste Glied von *vin-dex* zu einem Wort gehören muß, dessen Stamm ein *n* enthält. Im archaischen Latein muß es ein Wort **vinis* gegeben haben, dessen Stamm in *vindex* überlebt hat; seine Bedeutung ergibt sich aus den Verwandten in anderen indoeuropäischen Sprachen: altirisch *fine* „Sippe" und althochdeutsch *wini* „Ehemann, Freund" (noch erhalten in *Winfried, Ortwin* u. a.) erweisen ein ur-indoeuropäisches Wort **winis* mit der Bedeutung „Sippengenosse, Nahestehender". *Vindex* bedeutet also ursprünglich: „der, der etwas als zur Sippe oder Familie gehörig bezeichnet".

Dies wird auch in juristischer Hinsicht bestätigt, wenn wir Gaius' Beschreibung des Rituals genauer betrachten: Ein auch nur symbolischer Zweikampf ist nämlich gar nicht zu erkennen – Kläger und Beklagter erheben den Stab gerade nicht gegen den Gegner, sondern legen ihn der streitigen Sache, etwa dem Sklaven, an. Wer seinen Sklaven mit dem Stab berührt, zeigt dadurch, daß er ihn züchtigen dürfe, weil er Eigentümer sei. Die Gestik der Stabanlegung und die Rhetorik des „Ich behaupte" haben mithin dieselbe Bedeutung: „Die streitige Sache gehört mir!" Das Schlüsselwort unseres Textes *vindicare* „vindizieren" bedeutet also soviel wie „auf das Eigentum der Familie hinweisen, als Eigentum beanspruchen".

Nachdem der Richter (bei Gaius, im 2. Jhdt. n. Chr., ist es der Prätor – als das Ritual entstand, etwa im 8. oder 7. Jhdt. v. Chr., gab es noch keinen Prätor) beiden Parteien befohlen hat, den Sklaven loszulassen, stellt der Kläger die Eigentumsbeanspruchung des Beklagten in Frage: „Erkläre mir die Rechtslage des Sklaven, auf welche du dich bei der Stabanlegung berufen hast", und erwartet eine Antwort etwa der Art: „Die Rechtslage des Sklaven, nämlich Eigentum meiner Familie zu sein, ergibt sich daraus, daß ich ihn von N.N. erworben habe." Statt dessen behauptet der Beklagte noch einmal, Eigentümer zu sein: „Ich habe mein Recht ausgeübt, als ich den Stab anlegte." Jetzt fordert der Kläger den Beklagten zum „Prozeßeinsatz" heraus.

Das lateinische Wort für „Prozeßeinsatz" ist *sacramentum*, ein Wort, welches man gewöhnlich mit „Schwur" übersetzt. Die eigentliche Bedeutung ist aber „Selbstverfluchung": im versprechenden Eid, wie z.B. im Soldateneid: „Wenn ich meine Pflichten nicht erfülle, soll ich *sacer* („ausgestoßen aus der Gemeinschaft", S. 14) sein" und im behauptenden Eid: „Wenn meine Behauptung nicht der Wahrheit entspricht, soll ich *sacer* sein". Die Gegner des Vindikationsverfahrens forderten sich also auf, sich selbst für den Fall des Prozeßverlustes zu verfluchen. Wir dürfen hier die Spur eines Gottesurteils sehen. Freilich – wäre im archaischen Rom jeder Verlierer eines Eigentumsprozesses friedlos geworden, so wäre Rom bald entvölkert gewesen. Es muß also eine Möglichkeit gegeben haben, sich von der sakralen Strafe der Ächtung zu befreien; diese konnte nur in einem Sühneopfer bestehen, was seinen Preis hatte. Praktischerweise hinterlegte jede Partei schon vor dem Prozeß eine angemessene Summe, mit welcher für den Fall des Prozeßverlustes ein allfälliges Sühneopfer zur Abwendung der Ächtung bezahlt werden konnte; wer den Prozeß gewann, erhielt die hinterlegte Summe zurück. Das Wort *sacramentum* bezeichnete ursprünglich die für den Fall der Niederlage bedingte Selbstverfluchung, dann aber den Preis für das Sühneopfer, schließlich den Prozeßeinsatz.

Nach Hinterlegung des *sacramentum* in Höhe von 500 As (im 6. Jhdt. v. Chr. eine gewaltige Summe von etwa 130 kg Kupfer) prüfte der Richter die Beweise und sprach im Urteil die streitige Sache der einen Partei zu. Die andere Partei hatte nicht nur die Streitsache, sondern auch das *sacramentum* verloren – noch heute zahlt die verlierende Partei die Gerichts- und Anwaltskosten. Das archaische Verfahren trug den Namen *legis actio sacramento in rem* („Spruchformalklage zur Herausgabe einer Sache vermittels Prozeßeinsatzes"); es wurde für die meisten Prozesse im Jahre 17 v. Chr. durch ein vereinfachtes Verfahren abgelöst, welches nunmehr als *vindicatio* bezeichnet wurde (S. 67 f.).

4. Die rituelle Übereignung durch *mancipatio*

Seit Urzeiten unterschied das römische Recht zwei Klassen von Sachen. Zur ersten Klasse gehörten Grundstücke auf römischem Gebiet, freie und unfreie Personen sowie Rinder, Pferde, Maulesel und Esel; die Besonderheit dieser Sachen bestand darin, daß man sie nur durch einen bestimmten Ritus übereignen konnte – nach der Bezeichnung dieses Ritus, *mancipium*, wurden diese Sachen *res mancípi* genannt („*mancipium*-Sachen", *mancípi* ist der gekürzte Genitiv *mancipii*); alle anderen Sachen (Kleinvieh und alle unbelebten beweglichen Sachen) wurden durch einfache Übergabe *(traditio)* übereignet und hießen folgerichtig *res nec mancipi* („Sachen, deren Übereignung kein *mancipium* erfordert"). Statt des frührömischen Ausdrucks *mancipium* verwendete das klassische Latein das Wort *mancipatio* ("Manzipation").

Auf die *traditio* der *res nec mancipi* werden wir noch zurückkommen (S. 24); zunächst wollen wir die Manzipation betrachten. Wieder ist das bereits erwähnte Lehrbuch des Gaius (S. 16) unsere Quelle:

> Gaius, *institutiones* 1,119: Es ist aber die Manzipation ... eine Art Scheinverkauf und kann nur von römischen Bürgern vollzogen werden. Sie geschieht so: Man zieht mindestens fünf mündige römische Bürger und noch eine weitere Person derselben Rechtsstellung, die eine kupferne Waage hält und "Waagehalter" genannt wird, hinzu; dann faßt derjenige, der durch Manzipation erwirbt, die Sache an und spricht so: "Ich behaupte, daß dieser Sklave nach dem Recht der römischen Bürger mein Eigentum ist, und er soll von mir gekauft sein um dieses Kupfer und mit dieser kupfernen Waage." Daraufhin schlägt er mit dem Kupfer an die Waage und gibt dieses Kupfer dem, von dem er durch Manzipation erwirbt, gleichsam an Stelle des Kaufpreises.

Zu Gaius' Zeit wurde die Manzipation immer noch vollzogen; als symbolischen Kaufpreis gab man eine kleine Kupfermünze (in früheren Zeiten, vor der Einführung gemünzten Geldes, war es ein Stück Rohkupfer), und daher nannte man eine solche Manzipation *mancipatio nummo uno* ("Manzipation mit einer einzigen Münze"). Natürlich ist die von Gaius beschriebene *mancipatio nummo uno* aus einem älteren Rechtsgeschäft, in welchem der aus Kupfer bestehende Kaufpreis tatsächlich abgewogen wurde ("Barkaufmanzipation"), entstanden. Wenn ein Sklave etwa gegen Silber veräußert wurde, behielt man zwar den Ritus der Manzipation bei, zahlte aber den Kaufpreis außerhalb des Geschäftes und verwendete im Ritus nur ein symbolisches Kupferstück. Die Manzipation mit nur einem Kupferstück war schon zur XII-Tafel-Zeit üblich (S. 41); die ältere Barkaufmanzipation reicht daher in sehr frühe prähistorische Zeiten zurück.

Aus dem Ritus der Manzipation lassen sich einige Erkenntnisse über ihre Entstehung und Entwicklung gewinnen. Die Spruchformel des Ritus ist nämlich nicht ganz widerspruchsfrei, und gerade die inneren Widersprüche sind aufschlußreich.

Für unser modernes Rechtsgefühl ist es ganz überraschend, daß nicht der Veräußerer, der doch sein Eigentum aufgibt, spricht, sondern der Erwerber. Dieser erklärt, der Sklave sei sein Eigentum und „solle als gekaufter gelten" *(emptus esto)*. Beides ist nicht präzise. Im Augenblick, da der Erwerber spricht, hat er den Sklaven noch nicht zu eigen, denn erst die Vollendung des Rituals wird die Übereignung bewirken, und tatsächlich hat der Erwerber den Sklaven „gekauft" (d. h. mit dem Veräußerer vereinbart, daß der Sklave gegen Geld eingetauscht werde) und der Ausdruck „soll gekauft sein" ist daher sehr merkwürdig. Ferner fällt auf, daß das Ritual erst das Ergebnis (Eigentum) und erst dann die zeitlich vorausgehende Vereinbarung (Kauf) nennt; eine Formulierung etwa der Art: „Ich habe diesen Sklaven um dieses Kupfer gekauft und daher wird er mein Eigentum sein" wäre viel sinnvoller gewesen. Die Ungereimtheiten der Spruchformel lassen sich durch eine Hypothese erklären.

„Und er soll von mir gekauft sein um dieses Kupfer und mit dieser kupfernen Waage" ist eine unorganische Anfügung; wir nehmen daher an, daß die Manzipationsformel ursprünglich diesen Satz nicht enthalten hat. Reduzieren wir aber die „Ur-Manzipation" auf den ersten Satz „Ich behaupte, daß dieser Sklave nach dem Recht der römischen Bürger mein Eigentum ist", so zeigt sich, daß es dieselbe Formel wie die des archaischen Eigentumsprozesses (der *legis actio sacramento in rem*, S. 15) ist. In jenem Prozeß behauptete der Kläger sein Eigentum und der Beklagte bestritt, indem er selbst sein Eigentum behauptete – da die Sache streitig war, mußte durch Urteil entschieden werden. In der Ur-Manzipation behauptete der Erwerber mit denselben Worten sein Eigentum und der Veräußerer bestritt dies *nicht*. Das Schweigen des Veräußerers – der doch in Wirklichkeit in diesem Zeitpunkt noch Eigentümer war – bedeutete Anerkennung der gegnerischen Behauptung. So wird uns die Ur-Manzipation als ein nachgeformter Eigentumsprozeß deutlich, in welchem der Veräußerer die Beklagtenrolle innehatte und das Recht des Klägers/Erwerbers sofort anerkannte. Dieser „Prozeß" bedurfte keiner Entscheidung, denn das Anerkenntnis ersetzte das Urteil (S. 62). Manzipation und *legis actio sacramento in rem* gehen mithin auf denselben hocharchaischen Eigentumsprozeß zurück. In beiden Verfahren beanspruchte („vindizierte") die eine Partei unter Hinweis auf ihr behauptetes Eigentum eine Sache; kontravindizierte die andere Partei, so nahm der streitige Prozeß seinen Verlauf, verzichtete sie auf die Kontra-Vindikation, so war die Sache erledigt und das Eigentum des Vindikanten war festgestellt.

Warum nun wurde das im Grunde einfache Geschäft der Übereignung in Prozeßform gekleidet? Es gibt nur eine sinnvolle Erklärung: Der Scheinprozeß diente dazu, ein sonst nicht durchführbares Geschäft zu ermöglichen. In manchen archaischen Kulturen ist es nicht erlaubt, bestimmte Gegenstände zu veräußern: Z.B. scheint im alten Israel israelitisches Erbland unveräußerlich gewesen zu sein, und deshalb wies Nabot es empört ab, seiner Väter Erbe an den König zu veräußern (*1. Kön.* 21,3) – in der Tat sind alle im Alten Testament aus vorexilischer Zeit bezeugten Landveräußerungen Geschäfte mit Nicht-Israeliten. Die Vermutung ist also erlaubt, daß auch in römischer Urzeit die Veräußerung der wichtigsten Vermögensgüter, die den Grundstock der bäuerlichen Wirtschaft bildeten (Land, Personen, Großvieh – eben die *res mancipi*), gar nicht oder wenigstens nicht ohne die Zustimmung der Sippenältesten möglich war; ob diese Veräußerungsbeschränkung rechtlichen Charakter hatte oder nur auf die Sitte gegründet war, ist kaum feststellbar. So suchte man nach Wegen, die an sich nicht zulässige Veräußerung dennoch zu vollziehen. Eine schöne Anschauung, wie eine unzulässige Rechtsübertragung durch Scheinprozeß doch geschehen konnte, gibt das englische Verfahren der *conveyance by fine or common recovery*: Im mittelalterlichen und frühneuzeitlichen England hatten Landbesitzer kein Eigentum an Grundstücken, sondern nur ein Lehensrecht (*fee*, aus lateinisch *feudum*), da alles Land dem König gehörte. Wer sein Recht übertragen wollte, hätte eigentlich die Zustimmung des Lehnsherrn einholen müssen; mit dieser war freilich nicht immer zu rechnen. Man löste das Problem einfallsreich, indem der Erwerber den Veräußerer scheinbar auf Herausgabe des Grundstückes verklagte; in diesem Prozeß behauptete der Erwerber, das Recht auf das Land habe ihm schon immer zugestanden, und der Veräußerer schwieg abredegemäß hierzu. Der königliche Richter sprach konsequent das Grundstück dem Kläger/Erwerber zu, und die eigentlich unmögliche Transaktion war geglückt. Erst das Landveräußerungsgesetz von 1833 beendete das umständliche Verfahren.

Die Ur-Manzipation (nur mit dem ersten Satz des Rituals) war also ein Scheinprozeß, der die Übertragung dennoch ermöglichte. Die Anfügung des zweiten Satzes diente in späterer Zeit dazu, die Austauschleistung in das Ritual einzubeziehen; wie das „*soll* mir gekauft sein" *(emptus esto)* deutlich zeigt, war das Bewußtsein der eigentlichen Unmöglichkeit des Verkaufs noch vorhanden. Der zweite Satz bezweckte wahrscheinlich nur, die zu Eigentum erworbene *res mancipi* so zu behandeln, als sei sie eine gegen eine Gegenleistung ausgetauschte *res nec mancipi*. Die Entwicklung des Manzipationsrituals dürfte viele Generationen gedauert haben; da man zur XII-Tafel-Zeit schon nicht mehr wußte, daß *res mancipi* früher einmal unveräußerlich gewesen waren, muß man den Entstehungsprozeß der Ur-Manzipation in früheste Zeit, jedenfalls einige Jahrhunderte vor den XII Tafeln datieren.

Als man noch rohes Kupfer abwog, war die Manzipation mit symbolischem Kupferstück *(nummo uno)* beim Kauf mit anderem Metall als Kupfer, beim Tausch, beim Kreditkauf und bei Übereignung von *res mancipi* zur Erfüllung eines Mitgiftversprechens oder als Schenkung sinnvoll. Nach Einführung gemünzten Kupfergeldes (um 280 v. Chr.) dürfte die Barkaufmanzipation überhaupt abgestorben sein; die *mancipatio nummo uno* indes lebte bis ins 3. Jhdt. n. Chr. Diese diente in erster Linie zur Übereignung von *res mancipi*; sie wurde aber auch als Element komplizierter Rechtsgeschäfte wie Emanzipation, Adoption, Eheschließung und Testamentserrichtung verwendet – wir werden ihr dort wiederbegegnen (S. 31, 33, 48, 51). Ferner war der Manzipationsakt Bestandteil des Nexum, eines Geschäftes zur Schuldbegründung (S. 27).

Die *mancipatio* war ein Rechtsgeschäft des Rechtes der römischen Bürger, und daher konnten Nichtbürger sie nicht wirksam vollziehen. Während der Republik erhielten manche latinischen Völker durch Staatsvertrag das Recht, mit Römern zu manzipieren, das sogenannte *commercium* (S. 12).

5. Die formfreie Übereignung durch *traditio*

Res nec mancipi (Kleinvieh und unbelebte bewegliche Sachen) wurden nicht durch Manzipation, sondern durch einfache Übergabe *(traditio)* übereignet. Gewiß hat diese „natürliche" Art der Übereignung ursprünglich keinen weiteren Akt als die reine Übergabe erfordert; doch dürfte schon in archaischer Zeit ein Bewußtsein dafür entstanden sein, daß die bloße Übergabe einer Sache je nach dem damit verbundenen Zweck ganz verschiedene Bedeutungen haben konnte. Wer seine Axt dem Nachbarn übergab, damit dieser einen Baum fällen konnte, erwartete die Rückgabe; wer hingegen die Axt gegen eine Anzahl Kupferstücke austauschte, wollte die Axt nicht mehr zurückerhalten. Im ersteren Fall wurde durch die Übergabe der Axt nur der Besitz, im letzteren Fall zugleich mit dem Besitz auch das Eigentum übertragen. Als der Unterschied zwischen Leihe und Verkauf, zwischen Besitzübertragung und Übereignung erkannt war, unterschied man die beiden Arten der *traditio* nach ihrer Zweckvereinbarung *(causa)*. Nur diejenige *traditio*, die die endgültige Übertragung des Eigentums bezweckte, deren *causa* also eine Vereinbarung über den Vollzug eines vorher verabredeten Austauschs, einer vorher verabredeten Schenkung, einer Kaufpreiszahlung, einer Mitgiftbestellung o. ä. war, übertrug Eigentum; bezweckte die *traditio* aber nur Gebrauchsüberlassung, war ihre *causa* also nur eine Vereinbarung über den Vollzug einer Leihvereinbarung, so übertrug sie kein Recht, sondern nur den tatsächlichen Besitz. Zunächst bedeutete das Wort *causa* nur das juristisch noch naive Bewußtsein, eine Verpflichtung zu erfüllen; in der klassischen Zeit identifizierte man die *causa* mit der vorher abgeschlossenen Vereinbarung über die künftig zu vollziehende Eigentumsübertragung, also etwa mit dem Kaufvertrag oder dem Schenkungsversprechen. Diesen Sinn hat *causa* noch heute, und wir sprechen vom Kaufvertrag als dem *Kausalgeschäft* für die Übereignung von Ware und Geld.

Die Verknüpfung der Übergabe mit ihrem Kausalgeschäft führte dazu, daß die *traditio* nur dann wirksam Eigentum übertrug, wenn das Kausalgeschäft gültig war. War z. B. der Verkäufer geisteskrank (nach XII-Tafel-Recht konnte ein *furiosus* keine wirksamen Geschäfte vornehmen) oder minderjährig (so daß er sich nur mit Zustimmung seines Sorgeberechtigten wirksam verpflichten konnte), so war eine Vereinbarung, in welcher der Verkäufer sich verpflichtete, das Eigentum an einer Sache auf den Käufer zu übertragen, und der Käufer sich verpflichtete, als Gegenleistung das Eigentum an Geldmünzen auf den Verkäufer zu übertragen (ein „Kaufvertrag"), unwirksam. Daher waren die nachfolgenden Übereignungen von Ware und Preis auch unwirksam, da sie ohne wirksame *causa* geschahen, selbst wenn der Verkäufer inzwischen gesund oder volljährig geworden war.

6. Die *auctoritas*-Haftung

Sowohl *traditio* als auch *mancipatio* waren nur wirksam, wenn der Veräußerer auch Eigentümer der Sache war; hatte sie nicht ihm, sondern einem Dritten gehört, so war das Übereignungsgeschäft unwirksam und behielt der Dritte sein Eigentum. Dieser konnte die Sache vom ihm gegenüber unrechtmäßig besitzenden Erwerber herausverlangen (durch *legis actio sacramento in rem*, S. 16; später durch *vindicatio*, S. 67 f.).

Im Falle, daß der Veräußerer die fremde Sache durch Manzipation (erfolglos) übereignet hatte, haftete er dem Erwerber für den Fall, daß die Sache vom wahren Eigentümer (dem Dritten) herausverlangt wurde. Zur Verwirklichung dieser Haftung bestand ein besonderes Verfahren: Wer als Manzipationserwerber von einem Dritten, der Eigentümer zu sein behauptete, beklagt wurde, hatte das Recht, den Veräußerer als „Verstärker seiner Rechtstellung" (*auctor*, von *augere* „die Kraft verstärken") vor Gericht zu laden; der *auctor* mußte dem Erwerber beistehen, indem er Gewährschaft *(auctoritas)* leistete, d. h. die Beweise dafür lieferte, daß er selbst Eigentümer der Sache gewesen war – unter Umständen mußte er selbst dazu seinen Vormann laden usw. Hatte der Veräußerer Erfolg, so war der Prozeß zugunsten des Erwerbers beendet; war der Veräußerer erfolglos oder hatte er der Ladung als *auctor* gar keine Folge geleistet, so mußte der Erwerber die streitige Sache zwar an den klagenden Dritten herausgeben, erwarb aber selbst einen Schadensersatzanspruch gegen den Veräußerer in Höhe des doppelten Kaufpreises.

Die *auctoritas*-Haftung geht auf sehr frühe Zeiten zurück, denn die XII Tafeln haben sie schon vorgefunden (S. 43).

7. Die Schuldbegründung durch *stipulatio* und *nexum*

a) Ein eigentümliches Rechtsgeschäft Roms diente zur Begründung eines Forderungsrechtes. Wer einen anderen in wortförmlicher Rede befragte: „Versprichst du, mir 100 zu geben?", erwarb die Forderung dadurch, daß der andere lediglich mit: „Ich verspreche" antwortete – es war nur erforderlich, daß er dasselbe Wort „versprechen" verwendete, ohne den Inhalt seiner Verpflichtung noch einmal auszusprechen. Römische Bürger konnten (neben beliebigen anderen Worten) das Wort *spondere* „geloben" verwenden *(centum mihi dare spondes? – spondeo)*; aber auch *centum mihi dabis? – dabo* o. ä. begründete eine Verpflichtung unter Bürgern. Wenn Nichtbürger das Wort *spondere* gebrauchten, so war dies nach römischem Recht nicht wirksam; daher pflegte man unter Nichtbürgern oder zwischen Römern und Nichtbürgern z. B. *centum mihi dare fide tua promittis? – fide mea promitto* („versprichst du mir bei deiner Treue, 100 zu geben? – ich verspreche bei meiner Treue") zu sprechen. Es scheint, daß römische Bürger ursprünglich *nur* das Wort *spondere* verwenden konnten und daß die Anerkennung auch anderer Worte im Recht der römischen Bürger erst allmählich aus dem „internationalen" Rechtsbrauch übernommen worden ist.

Mit diesem Rechtsgeschäft, *stipulatio* genannt, konnten Verpflichtungen beliebiger Art begründet werden: auf Zahlung von Geld, auf Übereignung von Sachen, auf Vornahme von Handlungen („Versprichst du mir, morgen zur 3. Stunde zur Gerichtsverhandlung zu kommen; meine Schafherde zu hüten; das verpachtete Grundstück im nächsten Jahr zurückzugeben; dich zur Erledigung unseres Streites einem Schiedsspruch zu unterwerfen, ohne vor dem Prätor Klage zu erheben, und widrigenfalls 10 000 Vertragsstrafe zu zahlen?"). Die Stipulation existierte schon lange vor der XII-Tafel-Zeit, und ihr Ursprung liegt im Dunkeln. Überzeugende Etymologien für das Wort *stipulari* („sich etwas versprechen zu lassen", ein Verbum deponens – passivische Form, aber aktivische Bedeutung –, welches nur den Sprechakt des Gläubigers bezeichnet) gibt es nicht (von *stips* „Münze", *stipula* „Halm"; *stipulus* „fest"?). Eine einzige ernstzunehmende Spur weist auf die Vogelschau der Auguren hin. In den Iguvinischen Tafeln, einer Anweisung für religiöse Zeremonien aus dem 3. Jhdt. v. Chr., in umbrischer Sprache verfaßt und in Iguvium (heute Gubbio) aufgefunden, spricht der Vogelschauer dem Beamten zu: *stiplo aseriaia parfa desua* („Fordere von mir, daß ich ein westliches Vogelzeichen beobachte!" – über ein ähnliches „Rechtsgeschäft" zwischen dem Beamten und dem Augur berichtet Cicero, *de divinatione* 2,71/2, ohne das Wort *stipulari* zu verwenden), und so vermuten wir die Herkunft der Stipulation aus der uralten Auguralpraxis. Die Stipulation wurde zum wichtigsten Schuldrechtsgeschäft des römischen Rechts und blieb es bis in die Spätantike; zahlreiche Urkunden aus der Praxis bezeugen, daß römische Geschäftsleute jede Forderung noch einmal zu stipulieren pflegten, auch wenn sie schon, etwa durch Kaufvertrag, begründet war.

b) Über ein zweites schuldbegründendes Geschäft der Frühzeit, das *nexum* (von *nectere* „binden"), sind wir nur wenig informiert. Es wurde abgeschlossen, indem der Schuldner sich durch einen Manzipationsakt in die Gewalt des Gläubigers begab, so daß der Gläubiger dann, wenn der Schuldner seine Schuld bei Fälligkeit nicht bezahlte, berechtigt war, ihn unmit-

telbar in Vollstreckungshaft zu nehmen (Näheres zur sofortigen Zwangsvollstreckung S. 62 f.). Gaius überlieferte die Art
und Weise, wie der Schuldner sich von der Haftung lösen
konnte (Gaius, *institutiones* 3,174): Wie bei der Manzipation
wurden fünf Zeugen und Waagehalter hinzugezogen, und der
Schuldner sprach die rituellen Worte: „Weil ich dir um soviel
1000 verurteilt bin, löse und befreie ich mich von dir um dieses
Kupfer und mit dieser kupfernen Waage. Dieses Pfund zahle
ich dir als erstes und letzes gemäß dem Volksgesetz." Daraufhin schlug er (zu Gaius' Zeit) mit einem symbolischen Kupferstück an die Waage – in der archaischen Zeit wurde die Schuld-
summe noch in Kupfer zugewogen. Aus diesem „Lösungsgeschäft durch Erz und Waage" *(solutio per aes et libram)* läßt
sich das Bindungsgeschäft rekonstruieren; der Gläubiger erwarb durch Manzipation das Recht über den Schuldner, sprach
die rituellen Worte (etwa: „Ich behaupte, daß du nach dem
Recht der römischen Bürger mir verpflichtet bist um soviel
1000 ...") und wog die Darlehenssumme dem Schuldner zu. Im
4. Jhdt. v. Chr. starb das Nexum ab, und fortan konnten Forderungen nur noch durch Stipulation begründet werden. Das
Lösungsgeschäft lebte aber bis zum Ende der Republik zur Be-
zahlung von Urteilsschulden und Schulden aus Manzipations-
akten weiter (S. 62 f., 73); zu Gaius' Zeit war es noch zum Er-
laß solcher Schulden gebräuchlich.

8. Die Hausgewalt

Nach römischem Recht hatte ein Hausvater *(pater familias)*
vollkommene Gewalt über seine Kinder und seine Ehefrau.
Diese Hausgewalt umfaßte das Recht, die Gewaltunterworfenen zu töten, zu züchtigen oder sie zu verstoßen. Freilich
verhinderten die vom Zensor beaufsichtigte Sitte und das Sa-
kralrecht Mißbräuche. Der Zensor konnte einen Hausvater,
der seine Gewalt mißbrauchte, rügen und ihn mit Strafen bele-
gen; die Königsgesetze (S. 14) machten den grundlos tötenden
Hausvater friedlos *(sacer,* S. 14). So sind uns tatsächlich nur
ganz wenige Mißbräuche des Gewaltrechts überliefert. Abge-

sehen vom Recht, tatsächliche Gewalt auszuüben, hatte die Hausgewalt noch eine bemerkenswerte Folge: Wer unter Hausgewalt stand, galt nicht als Rechtssubjekt – alles privatrechtliche Handeln wirkte nur für oder gegen den Gewalthaber. Für uns ist es selbstverständlich, daß jeder Mensch spätestens mit der Geburt rechtsfähig wird (§ 1 BGB) – nach römischem Recht wurde ein freier Mensch erst mit dem Ende der Hausgewalt rechtsfähig. Das hinderte ihn nicht, Geschäfte abzuschließen. Eine Ehefrau, ein Sohn oder eine Tochter konnten, vorausgesetzt, daß sie mündig waren, Rechtsgeschäfte vornehmen, – aber wenn ein Haussohn etwa sein Pferd verkaufte, so war der Kaufvertrag zwar wirksam, den Anspruch auf den Kaufpreis erwarb jedoch sein Vater, und die Übereignung des Pferdes war nur mit Zustimmung des Vaters wirksam. Zahlte der Geschäftspartner an den Sohn, so war die Zahlung zwar wirksam, aber Eigentum am gezahlten Geld erwarb der Vater. Ein römischer Hausvater pflegte seinen mündigen Gewaltunterworfenen regelmäßig einen bestimmten kleineren oder größeren Betrag, den man *peculium* „kleines Geld" nannte, mit der Erlaubnis, damit zu wirtschaften, zur Verfügung zu stellen. Das Geschäftsleben behandelte die Geschäfte, welche ein Gewaltunterworfener aus Mitteln des *peculium* vorsahen, als dessen Geschäft, und gewöhnlich funktionierte dieses System auch. Man war sich aber stets bewußt, daß der eigentliche Rechtsinhaber der Hausvater war und daß dieser jederzeit die Möglichkeit hatte, alle Geschäfte aus dem *peculium* zu untersagen und das *peculium* wieder einzuziehen.

So gab es zwei Klassen von freien Menschen, nämlich solche, die keiner Hausgewalt unterstanden (sie waren *sui iuris* „eigenen Rechts"), und solche, die einer Hausgewalt unterstanden (sie waren *alieni iuris* „fremden Rechts"). Wer als eheliches Kind geboren wurde, geriet mit seiner Geburt in die väterliche Gewalt *(patria potestas)* des Ehemannes der Mutter – es kam nicht darauf an, ob der Ehemann auch der leibliche Vater war; wenn der Ehemann das Kind nicht verstieß, so galt er als Vater *(pater est quem nuptiae demonstrant* „wer Vater ist, wird durch die Eheschließung bestimmt" – heute: § 1592 BGB). War die Mutter nicht verheiratet, so hatte das nichteheliche Kind keinen *pater familias* und war von Geburt an *sui iuris* „gewalt-frei". Die zweite Art, in die Hausgewalt eines *pater familias* zu geraten, war die Eheschließung; grundsätzlich unterstand eine verheiratete Frau der Ehegewalt *(manus)* ihres Ehemannes (S. 31). Ferner konnte man durch Adrogation und Adoption (S. 33) unter väterliche Gewalt kommen. Die verschiedenen Bezeichnungen für die väterliche Gewalt *(patria potestas)* und die eheherrliche Gewalt *(manus)* darf nicht darüber hin-wegtäuschen, daß beide Arten der Hausgewalt ohne Schranken waren; doch erwartete die Sitte, daß die *manus* milder ausge-übt wurde als die *patria potestas*.

Die Gewaltunterworfenheit endete grundsätzlich erst mit dem Tode des Gewalthabers, bei Mädchen mit der Besonder-heit, daß die *patria potestas* des Vaters endete, sobald ein Ehe-mann *manus* erwarb. Erreichte der Hausvater ein hohes Alter, so konnte es leicht geschehen, daß seine Kinder, die vielleicht selbst schon Kinder und Enkel hatten, noch im 6. oder 7. Le-bensjahrzehnt in seiner Gewalt standen. Ein gewaltunterwor-fener Sohn konnte mit Zustimmung seines Gewalthabers eine Ehe schließen; väterliche Gewalt über die Schwiegertochter und die Enkel erwarb dann freilich der Vater des Ehemannes. Starb ein Urgroßvater, so wurden mit seinem Tode seine eige-nen Kinder unmittelbar gewaltfrei; seine Enkel und Urenkel gerieten jetzt in die *patria potestas* ihrer Väter und Großväter. Wenn der verstorbene Alt-Hausvater Enkel hatte, deren Vater, also der Sohn des Verstorbenen, schon vorverstorben war, so wurden die Enkel unmittelbar gewaltfrei.

Die Hausgewalt konnte allerdings schon vorher beendet werden, sobald der *pater familias* ein Kind in Adoption gab oder aus der *patria potestas* entließ („emanzipierte", S. 48) oder wenn ein Ehemann sich von seiner Ehefrau schied. Dies waren Ausnahmefälle; am Prinzip der lebenslangen väterlichen Ge-walt hielt man bis zum Ende der Antike fest und überspielte die mangelnde Vermögensfähigkeit der Gewaltunterworfenen durch das Institut des *peculium* (während die *manus* in der Kaiserzeit abstarb). Im öffentlichen Recht unterstanden Haussöhne keiner väterlichen Gewalt; übten sie ein öffentliches Amt aus, so hatten sie auch gegen ihren Vater Autorität.

9. Die Eheschließung und der *manus*-Erwerb

Wir sahen, daß der römische Ehemann mit der Eheschließung zugleich *manus* über seine Frau erwarb; freilich war dies nur in der Frühzeit die Regel, denn schon vor den XII Tafeln waren *manus*-freie Ehen möglich und später sogar die Regel – in diesen Ehen erwarb der Ehemann keine *manus* und blieb die Ehefrau in der *patria potestas* ihres Vaters und wurde mit dessen Tode gewaltfrei.

Das altrömische Recht kannte zwei Formen der Eheschließung. Die altertümliche *confarreatio* „Speltbrot-Ehe" wurde vor dem Oberpriester des Jupiter *(flamen Dialis)* und 10 Zeugen geschlossen; die Brautleute saßen mit bedecktem Haupt auf zwei zusammengebundenen Stühlen und brachten dem Jupiter Farreus ein Opfer aus Speltweizenbrot *(panis farreus)* dar. Man vermutet, daß die Form der *confarreatio* den Patriziern vorbehalten war, während die Plebejer ihre Ehe in der Form der *coëmptio* „Kaufehe" vollzogen: Der Bräutigam (oder dessen Gewalthaber) erwarb durch *mancipatio nummo uno* (S. 20), also durch Zuwägen eines symbolischen Kupferstücks vor fünf Zeugen, vom Gewalthaber der Braut die *manus*. Noch die XII Tafeln verboten die Ehe zwischen Patriziern und Plebejern, doch schon wenige Jahre später wurde sie von einer *lex Canuleia* (445 v. Chr.) erlaubt. In der Folgezeit dürfte die einfachere Form der *coëmptio* jedenfalls für Mischehen, aber auch für patrizische Ehen üblich geworden sein; die altertümliche *confarreatio* wurde in der späten Republik und in der Kaiserzeit nur noch in bestimmten Fällen vollzogen – so mußten die Oberpriester des Jupiter, Mars und Quirinus in konfarreierter Ehe leben.

Bereits in der Vor-XII-Tafel-Zeit geschah es, daß Mann und Frau zusammenlebten, ohne *confarreatio* oder *coëmptio* vollzogen zu haben. Eine solche „freie Ehe" konnte leicht entstehen, wenn bei der *coëmptio*-Manzipation ein Formfehler geschehen war, z. B. einer der Zeugen, ohne daß es bemerkt worden war, noch nicht mündig gewesen war. Natürlich erwarb der Ehemann durch eine formfehlerhafte Manzipationsehe keine *manus*. Auf einen solchen Fall wandte man das Institut der *usucapio* (S. 43 f.) an, wodurch nach einem Jahr der Ehemann *manus* erwarb. Hiermit war eine neue Form der *manus*-Ehe entstanden, und zwar die *usus*-Ehe, welche voraussetzte, daß die Ehepartner ein Jahr lang ohne vorherige formelle Eheschließung zusammenlebten. Ob die Ehe schon während der einjährigen „Ersitzungszeit" als Ehe, wenn auch *manus*-frei, derart anerkannt wurde, daß ein bereits in dieser Zeit geborenes Kind ehelich war, ist nicht bekannt. Später jedoch, als die XII Tafeln die *usus*-Ehe weiter entwickelten, war die *manus*-freie Ehe eine wirksame Ehe mit der Folge, daß die in ihr geborenen Kinder ehelich waren.

10. Das Erbrecht der Frühzeit und die *adrogatio*

Wer stirbt, wird beerbt. Erbe zu sein bedeutet, in die gesamte Rechtsstellung des Erblassers einzutreten, Eigentümer der ihm gehörenden Sachen, Inhaber der ihm zustehenden Forderungen und Schuldner der von ihm noch nicht erfüllten Verpflichtungen zu werden. In allen Rechtsordnungen sind die nächsten Familienangehörigen zur Erbschaft berufen, so auch im archaischen Rom. Starb der *pater familias*, so erbten diejenigen, die in seiner Hausgewalt (*manus* oder *potestas*) standen und durch seinen Tod gewaltfrei wurden, also die in *manus*-Ehe verheiratete Ehefrau und die Söhne und Töchter, nicht aber die Enkel, deren Vater noch lebte – mit dem Tode des gewalthabenden Großvaters fielen sie ja in die Hausgewalt ihres nunmehr gewaltfrei gewordenen Vaters; war aber ein Sohn schon vorverstorben, so wurden die von ihm stammenden Enkel mit dem Tode ihres Großvaters gewaltfrei und erbten. Diese in der Hausgewalt des Erblassers stehenden und durch seinen Tod unmittelbar gewaltfrei werdenden Personen hießen „Hauserben" *(sui heredes)*. Die Hauserben erwarben den Nachlaß zu gleichen Teilen; solange sie den Hof gemeinsam bewirtschafteten, bildeten sie eine Erbengemeinschaft. Natürlich war es stets möglich, die Erbengemeinschaft einverständlich aufzulösen und den Nachlaß zu teilen.

Die Erben waren nicht nur die Nachfolger in das Vermögen, sondern hatten auch die Pflicht, den Totenkult für den Verstorbenen zu besorgen. Der Kult beschränkte sich nicht nur auf das Begräbnis, er verlangte auch aufwendige Opfer und jährliche Gedenkfeiern; er stellte dadurch eine finanzielle Belastung dar, und nicht jeder übernahm ihn gern. So wurde ein ungeschmälertes Glück sprichwörtlich als „Erbschaft ohne Totenkult" *(hereditas sine sacris)* bezeichnet. Es lag vor allem im Interesse des Erblassers, daß der Totenkult durchgeführt wurde, und dies konnte nur durch den oder die Erben geschehen. Ein Erblasser, der ohne *manus*-Ehefrau und ohne Kinder (gegebenenfalls Enkel oder Urenkel) verstarb, hinterließ keine Hauserben. Es war also erforderlich, für die Existenz eines Erben *(heres)* zu sorgen. Hier – in der Erbeinsetzung – lag der Ursprung des Testaments.

Bevor wir uns dem ältesten Testament zuwenden, werfen wir einen Blick auf die frührömische Adoption. Sie geschah, je nach der Rechtsstellung des zu adoptierenden Bürgers, in zwei Formen. Stand der zu Adoptierende noch in der Hausgewalt eines *pater familias*, so wurde die Adoption dadurch vollzogen, daß der alte *pater familias* sein Hauskind mehrfach an den Adoptierenden manzipierte – dieser Ritus wurde erst durch die XII Tafeln möglich (S. 48). Stand aber der zu Adoptierende nicht mehr in Hausgewalt (weil etwa sein Vater bereits verstorben war), so verlor er seine schon erworbene Gewaltfreiheit durch die Annahme an Kindes Statt. Dieser Eingriff in die Rechtsstellung eines Bürgers wurde als so schwerwiegend angesehen, daß er nur durch Gesetz geschehen konnte. Die nach Sakralverbänden gegliederte Kurienversammlung (S. 11) wurde zusammengerufen und der leitende Beamte befragte das Volk in althergebrachter Weise:

„Wollt und befehlt ihr, daß L. Valerius dem L. Titius so nach Recht und Gesetz Sohn sei, wie wenn er von diesem Hausvater und seiner Hausmutter geboren wäre, und daß er über ihn Gewalt über Leben und Tod habe, wie ein Vater sie über einen Sohn hat. Dies frage ich euch, römische Bürger, so, wie ich es gesagt habe."

Die Bürger konnten über diese Frage nur mit Ja oder Nein abstimmen; ihre Entscheidung war ein im förmlichen Verfahren ergangenes Gesetz. In der Tat verlor, wenn die Gesetzesanfrage bejaht wurde, die Bürgerschaft eine Familie – der gewaltfreie L. Valerius hatte selbst als *pater familias* eine Familie gebildet (die vielleicht nur aus ihm selbst bestand, vielleicht aber auch viele Mitglieder hatte); nach der Adoption erlosch diese Familie und der ehemalige L. Valerius war Haussohn des L. Titius und hieß L. Titius Valerianus. Den Akt nannte man „Hinzubefragung" *(adrogatio)* – die Bezeichnung der Adrogation hängt ersichtlich mit *legis rogatio* „Erfragen eines Gesetzes, Gesetzeseinbringung" zusammen.

Die Adrogation hatte nicht nur zur Folge, daß der Adrogierte seine Gewaltfreiheit verlor und in die Hausgewalt des Adrogierenden fiel, sondern auch, daß der Adrogierende einen Haussohn und damit künftigen Hauserben erhielt. Was lag näher, als einen Rechtsakt zu formen, in welcher jemand zwar einen Hauserben gewann, der künftige Erbe aber nicht seine Gewaltfreiheit verlor? In der Tat scheint das älteste Testament nichts anderes gewesen zu sein als eine auf den Todesfall aufgeschobene Adrogation, bei welcher der Adrogierte sozusagen nur für eine juristische Sekunde, nämlich für den Augenblick des Todes des Adrogierenden, seine Gewaltfreiheit verlor, um sie aber sofort durch den Tod seines neuen Hausvaters wiederzugewinnen.

Gaius, *institutiones* 2,101: Anfangs gab es zwei Arten von Testamenten: denn entweder errichteten sie vor der einberufenen Volksversammlung *(calatis comitiis)* das Testament (eine solche Volksversammlung wurde zweimal im Jahr eigens zur Testamentserrichtung bestimmt) oder im gegürteten Heer *(in procinctu)*, d. h. wenn sie zum Kriege die Waffen aufnahmen; das gegürtete Heer *(procinctus)* ist nämlich das kampfbereite und bewaffnete Heer.

Manche Anzeichen sprechen dafür, daß die hier genannte „aufgerufene Volksversammlung" mit der Kurienversammlung, in welcher ein Adrogationsgesetz möglich war, identisch und das Komitialtestament nichts anderes als eine aufschiebend bedingte Adrogation war. Daher stammt dieses Testament mit hoher Wahrscheinlichkeit aus der Königszeit. Daß das Testament *in procinctu* ein Nottestament war, liegt auf der Hand.

Wahrscheinlich war die Erbeinsetzung durch Komitialtestament ursprünglich nur erlaubt, wenn der Erblasser gar keinen *suus heres* (Hauserben) hatte; dann konnte er sich durch Testament einen *heres* schaffen, der den Totenkult übernehmen würde.

II. Das neue Recht der XII Tafeln

1. Die Verfassung der Republik

Nach Sturz und Vertreibung der Könige scheint die Macht in die Hand eines Dreierkollegiums gelegt worden zu sein, an deren Spitze ein *praetor maximus* stand (*praetor* von *prae-ire* „vorangehen", also „Heerführer, Herzog"), dem zwei Konsuln als Räte zur Seite standen (*consul* hängt mit *consulere* „beraten" zusammen). Wie das Verhältnis von Prätor und Konsuln sich in der Folgezeit entwickelte, ist aus den Quellen nicht deutlich erkennbar. Jedenfalls wurde im Jahre 367 v. Chr. durch die *leges Liciniae Sextiae* die von nun an geltende Konsularverfassung geschaffen, die während der ganzen Republik und formell bis zur Neuordnung des Reiches durch Kaiser Diokletian in Kraft blieb.

Träger der höchsten Staatsmacht *(imperium)* waren die beiden Konsuln und (zunächst nur) ein Prätor. Inhalt des konsularischen Imperiums war die oberste Staats- und Kriegsführung, die Polizeigewalt, das Recht, Senat und Volksversammlung einzuberufen und deren Beratungsgegenstände zu bestimmen, ferner außerhalb der Stadtgrenzen das Recht, römische Bürger bis zur Hinrichtung zu bestrafen, während innerhalb der Stadtgrenzen jeder Bürger gegen Strafmaßnahmen des Imperiumträgers die Volksversammlung anrufen konnte (Provokationsrecht). Innerhalb der Stadtgrenzen traten die Liktoren, die Vollzugsbeamten der Konsuln, nur mit Ruten und ohne Beil, außerhalb mit Ruten und Beil auf. Das prätorische Imperium (Amtsmacht) war grundsätzlich unbeschränkt und nur dem konsularischen nachgeordnet, beschränkte sich aber in der Stadt auf die dem Prätor zugewiesene Aufgabe der Rechtsprechung und die damit zusammenhängenden Geschäfte. Als Vertreter der Konsuln übte der Prätor in deren Abwesenheit – vor allem in Kriegszeiten – volles Imperium in der Stadt aus. Um 242 v. Chr. wurde dem nunmehr *praetor urbanus* („Stadtprätor") Genannten ein „Fremdenprätor" *(praetor peregrinus)* zur Seite gestellt, der für Prozesse, an welchen Nichtbürger beteilig waren, zuständig war. *Peregrini* waren diejenigen, die *per-egre*, also jenseits des römischen Gebietes *(ager Romanus)* wohnten. 227 v. Chr. wurden zwei weitere Prätoren eingesetzt, die die Verwaltung der neuerworbenen Provinzen Sizilien und Sardinien übernahmen; im Laufe der Ausdehnung des Reiches vermehrte sich die Zahl der Prätoren.

Dem Imperium wurden durch drei Prinzipien Schranken gesetzt. (1) Die *Kollegialität* gab jedem der beiden Konsuln (und der mehreren Prätoren ab 242) das volle und ungeteilte Imperium, doch wechselten sich die Konsuln im Kriege tageweise beim Oberbefehl ab – daß diese Regelung bei der Schlacht von Cannae (216 v. Chr.) furchtbare Folgen hatte, ist bekannt. (2) Jeder Kollege hatte gegenüber dem gleichgestellten Kollegen das *Interzessionsrecht*, nämlich das Recht, durch sein *Veto* („ich verbiete") gegen jeden Akt des Kollegen einzuschreiten. In äußerster Not bestellte der Senat auf Antrag eines Konsuls einen Diktator für höchstens sechs Monate; dieser hatte eine durch Interzession unbeschränkte Gewalt, und ihm stand ein nur nachgeordneter *magister equitum* („Reiteroberst") zur Seite. (3) Die *Annuität* beschränkte das Amt jedes Oberbeamten auf ein Jahr und Wiederwahl war nur nach einer amtslosen Zwischenzeit möglich (was freilich nicht immer eingehalten wurde).

Die Ausübung der Polizeigewalt, die Aufsicht über die Tempel und die Feuerwehr wurden zwei Ädilen (*aediles* „Tempelherren") übertragen, die aus den Plebejern gewählt wurden. Die Verfassungsreform von 367 v. Chr. stellte ihnen zwei patrizische Ädilen zur Seite (*aediles curules* – ihnen stand die *sella curulis* zu, ein Stuhl, der einst Insignie des Königs war); die kurulischen Ädilen übernahmen Marktpolizei und -gerichtsbarkeit – wir werden ihnen noch später begegnen (S. 74).

Zwei Quästoren verwalteten die Staatskasse und damit das Finanzwesen; bis zum Ende der Republik wurde ihre Zahl auf 20 vermehrt.

Neben den höheren Beamten – Konsul, Prätor, Ädil, Quästor – gab es noch mehrere niedere Beamte für einzelne Aufgaben der Verwaltung und der Rechtspflege.

Außergewöhnliche Beamte, die nicht ständig gewählt wurden, waren neben dem schon erwähnten Diktator die beiden Zensoren, welche für die alle fünf Jahre zuständige Einteilung der Bürger in Vermögensklassen, für die Führung der Bürgerlisten und die Aufsicht über den Senat zuständig waren. Sie waren den Konsuln nicht untergeordnet, doch war ihre Macht keine allumfassende wie das Imperium, sondern eine auf bestimmte Aufgabenbereiche beschränkte *(potestas)*; gegen ihre Akte war Interzession anderer Beamter nicht möglich.

Schließlich erkämpften die Plebejer, denen der Zugang zu den oberen Ämtern versagt war (nur die Ädilität stand ihnen wohl schon seit Beginn der Republik zu), angeblich im Jahre 494 v. Chr. durch den ersten Streik der römischen Frühgeschichte, dem Auszug der Plebs aus der Stadt auf den Heiligen Berg, den Aventin, die Einführung des Volkstribunats. Die anfangs 2, später 10 *tribuni plebis* traten als Schutzbeamte der Plebs gegenüber den Patriziern auf. Die Plebs hatte in ihrer Versammlung eidlich ihre Tribunen für unverletzlich *(sacrosanctus)* erklärt, und so erklärt sich, daß die Volkstribunen ein verfassungsmäßig gar nicht vorgesehenes Interzessionsrecht gegen alle anderen Beamten in Anspruch nahmen, welches, offenbar aus Rücksicht auf die einseitige proklamierte Sakrosanktheit und aus Furcht vor einem neuen Aufstand der Plebs, auch von den Patriziern geachtet wurde.

Die Kurienversammlung, die schon in der Königszeit bestanden hatte, existierte mit den alten Aufgaben weiter; hatte sie früher bei der Inauguration des Königs mitgewirkt (S. 11), so beschloß sie nunmehr für die in den Zenturiatkomitien gewählten Konsuln und Prätoren eine *lex de imperio* („Gesetz über das Imperium"), welche den Oberbeamten formal die Macht übertrug; für Adrogation und Komitialtestament (solange dies existierte) blieb sie weiterhin zuständig. Wesentlich größere Bedeutung hatte die Zenturiatversammlung, in welcher die Oberbeamten gewählt, Gesetze beschlossen und über Krieg und Frieden entschieden wurde. Angeblich seit König Servius gliederte sie sich in 193 Zenturien. An der Spitze standen die 18 Zenturien der Reiter *(equites)*, es folgte die 1. Klas-

se, nämlich 80 Zenturien der Schwerbewaffneten (die sogenannten *classici*), danach 90 Zenturien Leichtbewaffneter
(*infra classem* „unterhalb der Klasse", in 4 weitere Klassen unterteilt) sowie 5 Zenturien der Besitzlosen (*capite censi* „nur
nach der Person Eingeteilte"). Die Einteilung der Bürger nach
dem Vermögen in die Zenturien erfolgte alle fünf Jahre durch
die Zensoren. Da jede Zenturie nur eine Stimme hatte, hatten
die Reicheren, von denen es weniger je Zenturie gab, das besse-
re Stimmrecht. In der Versammlung wurde nicht debattiert,
vielmehr konnten die Anträge der versammlungsleitenden
Konsuln nur mit „Ja" oder „Nein" beantwortet werden. Die
Reiter stimmten zuerst ab, danach die 1. Klasse *(classici)*; sobald eine absolute Mehrheit (97 Stimmen) erreicht war, wurde
die Abstimmung abgebrochen. So konnte es oft geschehen, daß
die Reiter und die Angehörigen der 1. Klasse die Abstimmung
schon entschieden hatten, wenn sie nur zusammenhielten. Es
versteht sich, daß jeder Bürger interessiert war, in eine möglich
reiche Zenturie eingeschrieben zu werden, und daher seine
Vermögensverhältnisse eher höher als niedriger angab.

Das römische Staatsgebiet zerfiel anfangs in 3 Tribus (seit
241 v. Chr.: 35), in welche alle römischen Bürger nach ihrem
Wohnsitz eingeteilt wurden. Die Tributversammlung (wohl
seit dem 4. Jhdt. v. Chr.) wählte niedere Beamte und erhielt im
Laufe der Zeit auch immer größere Gesetzgebungsbefugnis.

Die Plebejer organisierten sich in einer eigenen Versammlung
(concilium plebis), welche ursprünglich nur eine Art Fraktion
bildete. Die *lex Hortensia* (287 v. Chr.) verlieh den „Beschlüs-
sen der Plebs" *(plebi scita)* Bindungskraft für die gesamte
Volksgemeinde, wodurch die Plebiszite große Bedeutung erhielten. Das erste Plebiszit war die *lex Aquilia* von 286 v. Chr.
(S. 83), welche auf Antrag eines Volkstribunen Aquilius erging,
eines der letzten die *lex Falcidia* von 41 v. Chr. (S. 79); die *lex
Aquilia*, die den Schadensersatz regelte, ist heute noch geltendes Recht in Südafrika, die *lex Falcidia*, die das Erbrecht betraf, galt in Deutschland bis 1899.

Das Amt des Königs ganz abzuschaffen, ging nicht an, da die
sakralen Aufgaben weiter erfüllt werden mußten. So schuf die

Republik einen *rex sacrorum* ("Opferkönig"), der nur religiöse Aufgaben hatte und aller politischen Macht entkleidet war. Er nahm unter anderem an der Kurienversammlung zur Testamentserrichtung teil. Da er auf Lebenszeit gewählt wurde und damit für immer aus dem politischen Leben ausschied, war dieses Amt nicht sehr beliebt.

2. Die Entstehung der XII Tafeln

Verheerende Seuchen und unglückliche Kriege – so heißt es in der sagenumrankten Überlieferung – hatten im 5. Jhdt. v. Chr. das römische Volk dezimiert; die Plebejer waren durch den wirtschaftlichen Niedergang verarmt; manche Patriziergeschlechter waren völlig ausgestorben, so daß die Macht sich in wenigen Familien konzentrierte. Insbesondere führte der Umstand, daß kein *commercium*, kein freier Güterverkehr, zwischen Patriziern und Plebejern bestand, dazu, daß plebejische Schuldner nicht in der Lage waren, ihren patrizischen Gläubigern Land zur Begleichung ihrer Schulden durch Manzipation zu übereignen, so daß sich die Gläubiger nur durch Vollstreckung in die Person ihrer Schuldner befriedigen konnten; die zunehmende Schuldknechtschaft ließ die Plebejer noch mehr verarmen. Mehrere Forderungen der Plebs, endlich eine Verfassung zu schaffen, die die Stände vereinigen, die Macht der patrizischen Konsuln beschränken und ein einheitliches Recht für alle Bürger gewähren sollte, blieben erfolglos und verschärften den Konflikt zwischen den Ständen.

Schließlich entsandte angeblich der Senat im Jahre 454 v. Chr. drei Männer nach Athen, die sich über die dortigen Gesetze informieren sollten; zwei Jahre später kehrten sie zurück, und alsbald wurde der Plan zur Schaffung eines umfassenden Gesetzeswerkes verwirklicht. Noch im Jahre 452 wurden 10 Männer *(decemviri)* aus dem Patriziat gewählt, denen der Auftrag erteilt wurde, das schon lange erwünschte Gesetz zu entwerfen. Sie traten ihr Amt 451 an und legten ein Gesetz vor, das nach Verabschiedung durch die Zenturiatkomitien in Kraft trat und in zehn hölzernen Tafeln auf dem Forum aufgestellt wurde. Für 450 wurden zur Vervollständigung des Gesetzes neue Zehnmänner, diesmal auch aus den Plebejern, gewählt, die den zehn Tafeln weitere zwei hinzufügten. Die neuen Zehnmänner rissen jedoch die Macht im Staate an sich und wurden erst 449 gestürzt – die von ihnen geschaffenen Bestimmungen blieben aber in Kraft.

Leider sind die XII Tafeln wahrscheinlich beim Galliersturm auf das Kapitol (387 v. Chr.) physisch vernichtet worden (Livius 6,1); ein neues Exemplar wurde bald darauf wiederhergestellt und war noch zu Ciceros Jugendzeiten vorhanden, ging aber während der Bürgerkriege des 1. Jhdts. v. Chr. endgültig verloren. Etwa ein Drittel des Inhaltes der XII Tafeln ist uns durch Notizen in juristischen und historischen Werken bekannt, so daß wir uns doch ein recht genaues Bild von dieser Gesetzgebung machen können.

Die XII Tafeln schufen Rechtssicherheit und Rechtsgleichheit für alle Bürger, indem sie das neue Recht pedantisch festhielten; jetzt konnte jedermann sich durch Einblick in die öffentlich ausgestellten XII Tafeln informieren und sich im Prozeß auf das nunmehr für alle gleiche Recht berufen. Sie schufen Rechtsfrieden durch Ausarbeitung einer Zivilprozeßordnung. Schließlich reformierten sie das archaische Recht, indem sie zwar das altererbte Recht im Grunde unangetastet ließen, aber durch vorsichtige Aufnahme neuer und noch nicht allgemein anerkannter Rechtsübungen die Anpassung an die veränderten wirtschaftlichen Umstände durchführten. Soweit es sich aus den überlieferten Fragmenten erkennen läßt, verfuhren die Zehnmänner so, daß sie die alten Rechtsinstitute nicht aufzeichneten, sondern nur als bestehend anerkannten, neue Rechtsinstitute aber mit gesetzlich verordneter Wirkkraft versahen. Einige Beispiele sollen dies veranschaulichen.

3. Die Reform der *mancipatio*: *nuncupatio* und *usucapio*

a) Die auf S. 20 beschriebene *mancipatio* wurde von den Zehnmännern vorgefunden. Ihren (von uns nur erschlossenen) Ursprung aus einem Scheinprozeß mit Schein-Anerkenntnisurteil gegen den Veräußerer (der ja gegenüber der Eigentums-behauptung des Erwerbers geschwiegen hatte) hat man sicher nicht mehr verstanden. Vielmehr fand man nur das äußere Ritual mit Handanlegung, Erwerbsworten und Preisabwägung oder bereits symbolischer Kaufpreiszahlung *(nummo uno)* vor, das nun weiterentwickelt wurde. Da die Ur-Manzipation ein nachgeformter Anerkenntnisprozeß war, konnte ihre Wirkung nur so weit gehen, wie der Veräußerer tatsächlich geschwiegen hatte. Behauptete der Erwerber also, dieser Sklave gehöre ihm nach dem Recht der römischen Bürger und widersprach der Veräußerer im selben Ritual etwa mit den Worten, der Sklave dürfe nicht freigelassen werden, so hatte er nicht das volle Ei-gentum des Erwerbers anerkannt, sondern nur ein Eigentum mit beschränkter Verfügungsmacht. Folglich erwarb der Er-werber zwar Eigentum am Sklaven, aber eine später erfolgte Freilassung würde unwirksam sein. Solche Manzipationsbe-dingungen finden sich noch in klassischer Zeit – außer dem Freilassungsverbot waren ein Prostitutionsverbot bei der Manzipation einer Sklavin (mit der Folge, daß die Sklavin wie-der automatisch in das Eigentum ihres alten Herrn zurückfiel, sobald sie prostituiert wurde), und ein Vorbehalt eines Nieß-brauchs (bei der Manzipation eines Grundstücks) üblich. Das Prinzip ist deutlich: Die einseitige Eigentumsbehauptung des Erwerbers war wirksam, weil sie durch Schweigen des Veräu-ßerers anerkannt war, und die Einschränkung des Erwerbs durch einseitige Erklärung des Veräußerers war ebenfalls wirk-sam, weil sie durch Schweigen des Erwerbers anerkannt war. Jede Partei setzte durch wortförmliche und unwidersprochene Rede die ihr günstigen Bedingungen fest. Die einseitige Erklä-rung des Veräußerers hieß in klassischer Zeit *lex mancipio dicta* („beim Manzipationsakt gesprochene rechtswirksame Erklärung") – *lex* „rechtswirksame Erklärung" ist von *legere* (ursprünglich „sprechen", vgl. griechisch *legein*) abgeleitet und bedeutete im Juristenlatein nicht nur „Gesetz" *(lex publica)*, sondern auch „Rechtsetzung durch private Erklärung" *(lex privata)*. In archaischer Zeit nannte man die *lex mancipio dicta* auch *nuncupatio*, ein Wort, dessen eigentliche Bedeutung („Erfassung des Namens"?) nicht ganz geklärt ist. Das XII-Tafel-Gesetz (6,1) bestimmte:

Cum nexum faciet mancipiumque, uti lingua nuncupassit, ita ius esto.	Wenn jemand ein Nexum oder eine Manzipation machen wird, wie er mit der Zunge nunkupiert hat, so soll es wirksames Recht sein.

Der Satz setzte die Manzipation und das Nexum (S. 27) voraus und gab nur der Nunkupation neue Rechtswirksamkeit. Wir werden weiter unten sehen, wie das Institut der Nunkupation genutzt wurde, um an die Stelle des alten Testamentes vor der Volksversammlung, das lediglich zur Erbeinsetzung taugte (S. 34), ein neues „Manzipationstestament" zu setzen, das Einzelverfügungen ermöglichte (S. 51). Wahrscheinlich gewährten die XII Tafeln den Plebejern auch *commercium* (S. 12) mit den Patriziern, so daß jene jetzt mit diesen Manzipationen vollziehen konnten. Das Recht der gegenseitigen Eheschließung durch Manzipation wurde ihnen, so ist überliefert, erst 445 v. Chr. zugestanden (S. 31).

b) Auch die *auctoritas*-Haftung (S. 25) fanden die Zehnmänner schon vor, was sich daraus ergibt, daß sie sie in zweierlei Hinsicht abänderten. Einerseits bestimmten sie, daß ein *auctoritas*-Anspruch nur bestand, wenn ein Kaufpreis schon bezahlt war, also nicht bei Kreditkauf oder bei unentgeltlicher Manzipation (diese Vorschrift erweist zugleich, daß die *mancipatio nummo uno* schon vor den XII Tafeln existiert haben muß). Andererseits aber beschränkte sie die Dauer der *auctoritas*-Haftung auf ein Jahr bei beweglichen Sachen und auf zwei Jahre bei Grundstücken; nach Ablauf dieser Frist brauchte der Veräußerer der Ladung keine Folge mehr zu leisten. Zugleich gaben die XII Tafeln dem Erwerber einer fremden *res mancipi* das Recht, nach Ablauf der Frist einer auf das Eigentum gestützten Vindikation des wahren Eigentümers entgegenzuhalten, daß er die streitige Sache schon über ein Jahr (bzw. zwei Jahre) in unangefochtenem Besitz habe. Im Ergebnis erwarb der Erwerber nach Ablauf der Frist Eigentum nach dem Recht der römischen Bürger. Diese sogenannte *usucapio*

(„Ersitzung") wurde dadurch neben *mancipatio* oder *traditio* zu einer dritten Art des Eigentumserwerbs.

Freilich überwand die *usucapio* den Mangel des Eigentums des Veräußerers nicht uneingeschränkt. Bereits die XII Tafeln schlossen *usucapio* bei gestohlenen und unterschlagenen Sachen *(res furtivae)* schlechthin aus; das römische Delikt des *furtum* umfaßte den heutigen Diebstahl (bei dem die Sache dem Eigentümer weggenommen wird) und die Unterschlagung (bei der der Unterschlagende die Sache, die er schon im Besitz hat, sich aneignet). Eine *lex Atinia* (etwa 200 v. Chr.) bestimmte, daß *res furtivae* dann, wenn sie wieder in den Besitz ihres Eigentümers zurückkehrten, ihren Makel verloren und wieder ersitzbar wurden. Ferner ließen die XII Tafeln keine *usucapio* im Rechtsverkehr mit Nichtrömern zu, selbst wenn diese *commercium* hatten und daher zur *mancipatio* mit Römern berechtigt waren (S. 12). In späterer Zeit (noch während der Republik) verlangte man zur Usukapion einer fremden Sache, auch wenn sie nicht gestohlen oder unterschlagen war, „guten Glauben" *(bona fides)* des Erwerbers.

Das Institut der *usucapio* hatte seinen Ursprung bei der Ersitzung fremder *res mancipi*: Zwar führte die Manzipation nicht zum Übereignungserfolg, doch wurde der Erwerber nach Ablauf eines Jahres Eigentümer, wenn der Veräußerer kein *furtum* begangen hatte und der Erwerber beim Erwerb redlich gewesen war. Noch in republikanischer Zeit wurde die *usucapio* für einen anderen Tatbestand nutzbar gemacht; sie half, wenn eine *res mancipi* nicht ordnungsgemäß manzipiert worden war, weil z. B. einer der fünf vorgeschriebenen Zeugen nicht mündig war oder weil man überhaupt auf die Manzipation verzichtet und die Sache nur tradiert hatte. In diesem Fall wurde der Erwerber zwar nicht durch den fehlerhaften oder gar nicht vollzogenen Manzipationsakt Eigentümer, aber nach Ablauf eines Jahres. In einem solchen Fall konnten Furtivität oder Unredlichkeit beim Erwerb nicht schaden – die Sache hatte ja dem Veräußerer gehört, und die Übertragung des Eigentums war nur an der Form gescheitert; doch erforderte die *usucapio* einer nicht formgerecht manzipierten *res mancipi* eine andere Voraussetzung. Die fehlerhafte oder überhaupt fehlende *mancipatio* war nämlich durch *traditio* ersetzt worden, und diese verlangte, wie wir oben (S. 25) gesehen haben, eine *causa*, also ein wirksames Kausalgeschäft. Lag dieses vor, so konnte der Erwerber ersitzen. Das eigentümliche Rechtsverhältnis, in welchem die noch nicht zu Ende ersessene Sache stand, nannten die Römer *„in bonis esse"* („im Vermögen sein"), und daher sprechen wir von „bonitarischem" Eigentum. Der Prätor behandelte bonitarisches Eigentum ebenso wie Eigentum nach dem Recht der Bürger („quiritisches" Eigentum), indem er in der *actio Publiciana* und der *exceptio rei venditae et traditae* fingierte, daß die Ersitzungszeit schon abgelaufen und der bonitarische Eigentümer deshalb schon quiritischer Eigentümer sei (S. 69 f.). Daher machte es in der Praxis überhaupt keinen Unterschied, ob eine *res mancipi* manzipiert oder nur tradiert wurde – spätestens nach Ablauf der Usukapionszeit wurde der Erwerber quiritischer Eigentümer und in der Zwischenzeit wurde er wie ein solcher behandelt. In den juristischen Schriften ist häufig von nur tradierten *res mancipi* die Rede und die Probleme des bonitarischen Eigentums werden ausführlich abgehandelt – wir dürfen daher annehmen, daß es ganz üblich war, *res mancipi* der Einfachheit halber nur zu tradieren. Dennoch bezeugen fast alle erhaltenen Urkunden, daß bei *res mancipi* die Manzipation vollzogen wurde – ob diese beurkundeten Manzipationen tatsächlich geschehen oder nur aufgeschrieben waren, wissen wir freilich nicht (S. 98). Später verlangte man auch bei der *mancipatio* fremder Sachen eine *causa*.

Schließlich heilte die *usucapio* auch die an sich unwirksame *traditio* einer *res nec mancipi*, die dem Veräußerer nicht gehörte (falls es zum einen keine *res furtiva* und zum andern der Erwerber gutgläubig war).

Betrachten wir einmal zusammenfassend die Funktionen der *usucapio*, so zeigt sich, daß sie in folgenden Fällen zum Eigentumserwerb führte:

(1) Eine *res mancipi* wird vom Nichteigentümer manzipiert (es darf keine *res furtiva* und der Erwerber darf nicht bösgläubig sein);

(2) eine *res mancipi* wird vom Eigentümer nur tradiert (die *traditio* muß eine *causa* haben);

(3) eine *res mancipi* wird vom Nichteigentümer nur tradiert (die Voraussetzungen von (1) und (2) müssen vorliegen); schließlich

(4) eine *res nec mancipi* wird vom Nichteigentümer tradiert (die Voraussetzungen von (1) und (2) müssen vorliegen).

Nach Abschluß der hier nur abgekürzt dargestellten, tatsächlich aber mehrere Jahrhunderte dauernden Entwicklung, führte die *usucapio* unter folgenden 5 Voraussetzungen zum Eigentumserwerb: (1) Die Sache mußte ersitzungsfähig sein, d. h. sie durfte keine *res furtiva* oder dem Rechtsverkehr entzogene Sache sakralen Rechts sein; (2) die Sache mußte aufgrund eines wirksamen Kausalgeschäftes *(causa)* erworben worden sein – in Frage kamen z. B. Kauf, Schenkung, Mitgiftversprechen, Erbschaft, Vermächtnis, Aneignung einer nach Eigentumsaufgabe herrenlosen Sache, Vergleich; (3) guter Glaube des Erwerbers zum Zeitpunkt, da ihm die Sache zum Zwecke der Eigentumsverschaffung übergeben wurde; (4) Eigenbesitz, d. h. nicht etwa Besitz als Pfandgläubiger oder Mieter; (5) Fristablauf. Das Gemeine Recht der Neuzeit faßte die 5 Voraussetzungen in einem Hexameter zusammen: *Rés habilís, titulús, fidés, posséssio, témpus.*

Als das BGB geschaffen wurde, schuf man aus der Ersitzung des Gemeinen Rechts den gutgläubigen Erwerb, der sofort mit der Übergabe eintritt (§ 932 BGB) und nur bei Sachen, die dem Eigentümer abhanden gekommenen sind, versagt (§ 935), und die Ersitzung, die bei gutem Glauben nach 10 Jahren den Eigentumserwerb auch von abhanden gekommenen Sachen ermöglicht (§ 937).

4. Die Reform des Familienrechts: *trinoctium* und *emancipatio*

Wie wir bereits gesehen haben (S. 31), war schon zur Zeit der XII Tafeln eine Art freier Ehe anerkannt; wenn nämlich Mann und Frau zusammenlebten, ohne daß der Mann durch *confar-*

reatio oder *coëmptio* Hausgewalt über die Frau erworben hatte, wurde nach Ablauf eines Jahres fingiert, daß eine Ehemanzipation stattgefunden hatte – durch einjährigen *usus* erwarb der Mann *manus* über seine Frau ebenso, wie wenn die Ehe durch *coëmptio* geschlossen worden wäre. Der *Manus*-Erwerb durch „Ersitzung" führte aber dazu, daß die Ehefrau aus ihrer Familie in die Familie ihres Ehemannes überging. War ihr eigener Vater schon verstorben, so daß sie gewaltfrei geworden war, so verlor sie ihren Status wieder und war ihrem Mann gewaltunterworfen; in diesem Fall ging sogar ihr ganzes Vermögen auf ihren Mann über. Das aber war bei der *manus*-freien Eheschließung nicht gewollt; gerade zur Wahrung der Vermögenstrennung war ja auf jeden Erwerb der *manus* verzichtet worden. Die XII Tafeln bestimmten nun, daß ein Jahr, welches drei Nächte lang unterbrochen war, den *usus* unterbrach; verließ die Ehefrau also jedes Jahr für ein *trinoctium* ihren Mann, so blieb die Ehe *manus*-frei. Im Laufe der Republik wurde es üblich, die *manus*-Freiheit durch regelmäßiges *trinoctium* zu erhalten, so daß auch die *usus*-Ehe immer mehr abstarb. Im Institut des *trinoctium* sehen wir, wie eine Bestimmung der XII Tafeln bewußt eingriff, um die wirtschaftlichen Interessen der Ehefrau und ihrer Familie zu wahren.

Eine andere Regelung der XII Tafeln war wahrscheinlich eher ungewollt. Ein Hauskind blieb grundsätzlich bis zum Tode des Vaters in seiner väterlichen Gewalt *(patria potestas)*; der Vater hatte jedes denkbare Verfügungsrecht über sein Kind bis hin zur Tötung. Es war demnach auch möglich, sein Kind zur zeitlich befristeten Arbeit zu verdingen, wobei der neue Arbeitgeber Zuchtgewalt haben mußte, die durch Manzipation übertragen wurde; der Rückerwerb nach Ende der Vertragszeit wurde durch Nunkupation bestimmt. Wir würden heute – verharmlosend – von Leiharbeit sprechen. Es muß Mißbräuche gegeben haben; jedenfalls bestimmten die XII Tafeln (4,2 b):

Si pater filium ter venum duit, filius a patre liber esto.	Wenn ein Vater seinen Sohn dreimal verkauft hat, soll der Sohn vom Vater frei sein.

Eine dreimalige Veräußerung ermöglichte nunmehr auch die endgültige Übertragung der *patria potestas* zum Zwecke der Adoption eines Hauskindes. Ferner wurde diese ursprünglich als Strafvorschrift angelegte Bestimmung benutzt, um Haussöhne schon vor dem Tode des Vaters aus der väterlichen Gewalt zu entlassen. In der Tat wurde ein Haussohn zu diesem Zweck dreimal an einen Treuhänder manzipiert, der ihn dreimal freiließ. Zweimal fiel der Sohn in die väterliche Gewalt zurück, beim dritten Male wurde er frei – er war durch Manzipation aus der Hausgewalt entlassen, *e-manzipiert*. Noch in der Kaiserzeit geschah die Emanzipation auf diese Weise, wobei für Töchter übrigens schon eine einmalige Manzipation und Freilassung genügte – das XII-Tafel-Gesetz hatte ja nur von einem Sohn *(filius)*, nicht von einer Tochter *(filia)* gesprochen, so daß der gesetzlich vorgeschriebene dreifache Vollzug nicht erforderlich war. Freilich war Emanzipation nicht so üblich, wie wir es erwarten würden; wer emanzipiert war, galt als mit dem Vater nicht mehr verwandt und verlor sein künftiges Erbrecht. So kam Emanzipation eigentlich nur in Frage, wenn ein Sohn Rom verlassen wollte, um sich im Ausland niederzulassen (dann wurde ihm eine gewisse Summe zur Entschädigung für die verlorene Erbanwartschaft mitgegeben). Erst in der Kaiserzeit scheinen Emanzipationen häufiger gewesen zu sein.

5. Die Reform des Erbrechts:
Erbteilung; Agnatenerbrecht; Manzipationstestament

Die einschneidendste Veränderung des archaischen Rechts durch die XII Tafeln geschah im Bereich des Erbrechts.

a) Von der Natur zu Erben berufen sind die *sui heredes* („Hauserben", S. 32). Sie wurden mit dem Tode des *pater familias* gewaltfrei und erbten zu gleichen Teilen. In der Zeit der bäuerlichen Wirtschaft blieben sie gemeinsam auf dem Hof; wer aus der Erbengemeinschaft ausscheiden wollte, mußte sich mit den anderen einigen (S. 33). Bei zunehmendem Reichtum der Gesellschaft wurde die Neigung zur Erbauseinandersetzung immer stärker, und daher schufen die XII Tafeln ein *Erbteilungsverfahren*, welches nunmehr jeder Erbe auch gegen den Willen der anderen anstrengen konnte; noch in klassischer Zeit hieß die Klage mit altertümlicher Bezeichnung *actio familiae erciscundae* („Klage zur Teilung des Familienvermögens"). Zur Durchführung der Auseinandersetzung wurde vom Prätor ein Richter bestimmt, der sich zum Bauerngut begab, um an Ort und Stelle nach Besichtigung der räumlichen Gegebenheiten die Teilung durchzuführen – ein „Gangrichter" (*arbiter*, von altlateinisch **ad-baetere* „hingehen"). Auch für eine Auseinandersetzung, die gemeinschaftliches Eigentum außerhalb der Erbteilung betraf, schuf die *lex Licinnia* (3. Jhdt. v. Chr.) ein paralleles Verfahren, die *actio communi dividundo* („Klage zur Teilung gemeinschaftlichen Eigentums").

b) Wenn ein *pater familias* starb, ohne *sui heredes* zu hinterlassen, so starb er erbenlos. Wir haben gesehen, daß er schon zur Königszeit für diesen Fall vorsorgen konnte, indem er durch Volksgesetz einen fremden gewaltfreien Bürger „adrogierte" oder durch Komitialtestament als Erben einsetzte (S. 34). Dies konnte nicht verhindern, daß doch Fälle auftraten, in welchen ein Hausvater erbenlos verstarb. Jeder konnte sich in einem solchen Fall des Erbes bemächtigen, der Nachlaß war ja herrenlos. Die XII Tafeln (5,2) bestimmten nun, daß der nächste *Agnat* (Verwandter über die männliche Linie) berechtigt war, einen herrenlosen Nachlaß zu ergreifen:

Si intestato moritur, cui suus heres nec escit, agnatus proximus familiam habeto.	Wenn jemand ohne Testament stirbt und kein *suus heres* existiert, so soll der nächste Agnat das Vermögen haben.

Agnaten sind, genauer gesagt, diejenigen Personen, die unter der Annahme, daß ihr gemeinsamer Vorfahre noch leben würde, unter dessen *patria potestas* stünden. Hat der Erblasser vollbürtige oder über den Vater verwandte halbbürtige Geschwister, also Geschwister mit anderer Mutter, so sind diese die nächsten Agnaten. Hat der Erblasser keine Geschwister, aber gibt es Geschwister seines Vaters (*patruus* „Onkel über

den Vater", *amita* „Tante über den Vater"), so sind diese die
agnati proximi (ihr gemeinsamer Vorfahre ist der Vater des Vaters des Erblassers, und würde dieser Großvater noch leben, so
stünden sie unter seiner väterlichen Gewalt). Oder um ein sehr
kompliziertes Beispiel zu wählen: beim Tode des Erblassers
gibt es (in absteigender Reihenfolge):

(a) einen Urgroßonkel (*propatruus*: ein Bruder des Urgroßva-
    ters des Erblassers, genauer: ein Bruder des Vaters des Va-
    ters des Vaters des Erblassers),

(b) einen Onkel (*avunculus*: ein Bruder der Mutter des Erblas-
    sers),

(c) einen Andervetter (*sobrinus*: ein Urenkel des Urgroßvaters
    des Erblassers, genauer: ein Sohn eines Sohnes eines Sohnes
    des Vaters des Vaters des Vaters des Erblassers) sowie

(d) eine Tochter eines Vetters (*consobrini filia*: eine Urenkelin
    des Großvaters des Erblassers, genauer: eine Tochter eines
    Sohnes eines Sohnes des Vaters des Vaters des Erblassers).

Die Verwandtschaftsgrade bestimmen sich nach der Zahl der
dazwischenliegenden Zeugungen, also: der *sobrinus* (c) ist im
6. Grade verwandt; der *propatruus* (a) und die *consobrini filia*
(d) im 5. Grade, der *avunculus* (b) im 3. Grad. Es versteht sich
von selbst, daß der eigentlich nächste Verwandte *avunculus*
ausscheidet – der gemeinsame Vorfahre (Vater der Mutter des
Erblassers) würde, wenn er noch lebte, zwar *patria potestas*
über den *avunculus* ausüben, nicht aber über den Erblasser,
denn der Erblasser stünde nicht in der Gewalt seines Großvaters mütterlicherseits, sondern väterlicherseits. Mit den anderen dreien ist der Erblasser aber in rein männlicher Linie verwandt, sie sind seine Agnaten; der gemeinsame Vorfahre ist der
Ururgroßvater *(atavus)*, der – wenn er noch lebte – gemeinsamer *pater familias* wäre. Es erben die nächsten Agnaten, was
sich nach dem Verwandtschaftsgrade bestimmt, nämlich *propatruus* und *consobrini filia*; der *sobrinus* scheidet aus, weil
sein Verwandtschaftsgrad höher ist als die der beiden anderen.
Für uns überraschend ist, daß der *sobrinus*, der doch vom Urgroßvater des Erblassers abstammt, im Range hinter dem *propatruus*, der vom Ururgroßvater des Erblassers abstammt, zu-

rücktritt, während der *propatruus* denselben Rang wie die *consobrini filia*, die vom Großvater des Erblassers abstammt, einnimmt. Nach deutschem Recht wären übrigens der Onkel und die Tochter des Vetters Miterben (§§ 1926, 1930 BGB); gäbe es sie nicht: nur der Andervetter (§§ 1928, 1930); gäbe es auch ihn nicht: der Urgroßonkel (§ 1929).

Drei Besonderheiten des XII-Tafel-Satzes sind wichtig:

(1) Nur der nächste Agnat (bzw. die im Grade gemeinsamen Agnaten) war zur Nachlaßergreifung berufen; schlugen *propatruus* und *consobrini filia* die Erbschaft aus, so waren die folgenden Agnaten (im letzten Beispiel: der *sobrinus*) nicht berufen, vielmehr fiel der Nachlaß an die Sippe, die Gesamtheit aller derjenigen, die denselben Geschlechtsnamen *(nomen gentile)* tragen, ohne daß ihre tatsächliche Verwandtschaft eine Rolle spielt oder nachgewiesen werden muß. Das Erbrecht der Gentilen war noch bis zu Beginn unserer Zeitrechnung lebendig, ist dann aber abgestorben.

(2) Männer und Frauen desselben Verwandtschaftsgrades waren gleichermaßen erbberechtigt, wenn sie nur über ausschließlich männliche Personen verwandt waren – also Vettern und Kusinen, die vom Bruder des Vaters abstammten usw. Erst im 2. Jhdt. v. Chr. wurden Frauen ab dem 3. Verwandtschaftsgrad vom Agnatenerbrecht ausgeschlossen (S. 79).

(3) Die Agnaten waren keine „Erben" *(heredes)* wie die *sui heredes*. Sie hatten nur das Recht, vor allen anderen den erbenlosen Nachlaß zu ergreifen. Allerdings wurden sie nach einem Jahr Erben durch *usucapio pro herede* („Ersitzung als Erben", S. 54).

c) Bis in die heutige Zeit wirkt die Einführung des sogenannten *Manzipationstestaments*. Das alte Testament vor der Volksversammlung (S. 34) hatte nur die Einsetzung eines Erben *(heres)* und wohl auch nur für den Fall, daß der Erblasser keinen *suus heres* hatte, erlaubt; die letztwillige Zuwendung von Einzelgegenständen war nicht vorgesehen. Die XII Tafeln machten sich das Zusammenspiel von Manzipation und Nunkupation zunutze und schufen ein Testament, bei dem der

Erblasser sein gesamtes Vermögen durch Manzipation einem Treuhänder (*familiae emptor* „Erwerber des Vermögens") übertrug, der durch die vom Erblasser gesprochene Nunkupation verpflichtet war, einzelne Vermögensgegenstände nach dem Tode des Erblassers gewissen Personen auszufolgen. In der Nunkupation (*hoc ita do ita lego ita testor, ita vos Quirites testimonium perhibetote* „dies gebe ich so, bestimme ich so, rufe ich so zu Zeugen auf, so gewährt, römische Bürger, mir das Zeugnis") bestimmte der Erblasser, daß die an den *familiae emptor* manzipierten Gegenstände eben nicht in dessen Eigentum fielen, sondern unmittelbar mit dem Tode des Erblassers in das Eigentum der Vermächtnisnehmer, so daß der *familiae emptor* nur die Funktion eines Testamentsvollstreckers hatte. Wahrscheinlich diente das Manzipationstestament anfangs nur der Zuwendung von Einzelgegenständen und Bestellung von Vormundschaften; eine solche Zuwendung hieß *legatum* „Legat, Vermächtnis" (von *legare*: durch *lex* „Rechtsetzung durch Erklärung" verfügen, S. 42).

Das XII-Tafel-Recht unterschied zwei Grundformen von Legaten, das *legatum per vindicationem* und das *legatum per damnationem*. Ein Vindikationslegat bewirkte, daß der Vermächtnisnehmer unmittelbar mit dem Erbfall Eigentümer wurde und die vermachte Sache, die ihm jetzt gehörte, mit der *legis actio sacramento in rem* vom *familiae emptor* (später direkt vom Erben) „vindizieren" (S. 18) konnte; das Damnationslegat verpflichtete den *familiae emptor* (später den Erben), die Sache dem Vermächtnisnehmer (Legatar) zu übereignen, und erlaubte jenem die sofortige Vollstreckbarkeit durch *manus iniectio* (S. 62). Beide Legatsarten lebten im klassischen Recht mit mehreren Unterarten fort und wurden vom Gemeinen Recht übernommen. Im BGB (§ 2174) gibt es nur noch ein schuldrechtlich wirkendes Vermächtnis, das das alte Damnationslegat fortsetzt; der französische Code Civil kennt noch das Vindikationslegat (art. 1014 § 1). In Bayern sind gesetzliche Vindikationslegate zu Gunsten von juristischen Personen noch möglich (Art. 102 des bayerischen Ausführungsgesetzes zum BGB v. 9.6.1899 in Verbindung mit Art. 139 des Einführungsgesetzes zum BGB v. 18. 8. 1896, jetzt: Art. 77 Abs. 6 des bayerischen Ausführungsgesetzes zum BGB v. 20. 9. 1982).

Im Laufe der Republik nahm das Manzipationstestament auch Erbeinsetzungen auf, und das alte Komitialtestament starb ab. All dies war ermöglicht durch den XII-Tafel-Satz (5,3):

Uti legassit super pecunia tutelave suae rei, ita ius esto.	Wie er legiert hat über sein Vermögen und die Vormundschaft seiner Habe, so soll es wirksames Recht sein.

Für die XII Tafeln war das Manzipationstestament ein mündliches Testament, und die einzelnen Vermächtnisverfügungen mußten in ritueller Form vor den fünf Zeugen ausgesprochen werden. Irgendwann, spätestens bei der Einbeziehung von Erbeinsetzungen, wurde es als ungut empfunden, daß die Verfügungen schon vor dem Tode des Erblassers öffentlich bekannt waren, und so erlaubte man, daß der Erblasser eine geschlossene und versiegelte Urkunde, in welcher die Verfügungen geschrieben waren, in der Hand hielt und unter Verweis auf die Urkunde die rituellen Worte sprach, worauf die Urkunde von den Zeugen versiegelt wurde; erst nach dem Tode wurden die Zeugensiegel erbrochen und der Inhalt des Testaments bekanntgemacht – so jedenfalls im 1. Jhdt. v. Chr. Dennoch war es immer noch möglich, das Testament rein mündlich zu errichten. Der Dichter Horaz tat dies, da er in seiner Todesstunde nicht mehr die Kraft zum Schreiben hatte (8 v. Chr.), und verschiedene mündliche Testamente sind auch aus der Kaiserzeit bekannt; sie waren vollwirksame Testamente nach dem Recht der XII Tafeln.

Die Einführung des Manzipationstestaments durch die XII Tafeln und die Ermöglichung der Erbeinsetzung durch Manzipation hatte auch für das gesetzliche Erbrecht eine wichtige Folge. Überall nämlich, wo wir im römischen Recht die Manzipation antreffen, finden wir auch die Usukapion. Wer sich zur Begründung eines Erwerbs auf eine Manzipation berief, mußte grundsätzlich deren Wirksamkeit nachweisen; nach

Ablauf eines Jahres aber wurde er fast immer (Ausnahmen S. 44) so gestellt, als habe er durch wirksame Manzipation erworben, selbst wenn diese gar nicht stattgefunden hatte (S. 44). So konnte zwar niemand eine Sache, die dem Veräußerer nicht gehörte, durch Manzipation wirksam erwerben – hatte er sie aber ein Jahr besessen, so hatte er sie usukapiert, wie wenn die Manzipation wirksam gewesen wäre; der Ehemann erwarb nach einem Jahr die *manus* über seine Frau, auch wenn nie eine Manzipationsehe *(coëmptio)* geschlossen worden war. Ebenso konnte jedermann eine Erbschaft in Besitz nehmen und wurde nach Ablauf eines Jahres durch *usucapio* Erbe *(heres)*; er wurde also so gestellt, wie wenn er die *heres*-Stellung durch wirksames Manzipationstestament erlangt hätte, selbst wenn ein solches gar nicht existierte. Diese *usucapio pro herede* „Ersitzung als Erbe" füllte nun eine empfindliche Lücke im gesetzlichen Erbrecht aus. Gewaltunterworfene des Erblassers wurden als *sui heredes* Erben; sonstige Personen konnten die Erbenstellung durch Komitialtestament oder Manzipationstestament erlangen. Agnaten aber, die in Ermangelung von *sui heredes* zur Inbesitznahme eines testamentslosen Nachlasses berechtigt waren (S. 49), waren keine *heredes* – sie erwarben aber nach Ablauf eines Jahres die Erbenstellung durch *usucapio pro herede*. In klassischer Zeit sah man den Unterschied zwischen der Erbenstellung der *sui* und der Usukapientenstellung der Agnaten nicht mehr deutlich, und Gaius bezeichnete beide Arten unterschiedslos als *heredes* (Gaius, *institutiones* 3,14).

6. Die Rechtsfolgen unerlaubter Handlungen

Die XII Tafeln sanktionierten bestimmte Delikte mit dem Tode: Landesverrat, Annahme von Bestechungsgeldern durch den Richter, Mord, Brandstiftung, zauberische Zerstörung fremder Saat und (was als schlimmer als Mord betrachtet wurde) nächtliches Abweiden fremder Felder. Handelte es sich um Verbrechen gegen die Gemeinschaft (Landesverrat, Amtsvergehen), so wurde der Prozeß vor der Zenturiatversammlung geführt; die Hinrichtung geschah durch die Liktoren mit dem

Beil oder durch die Volkstribunen durch Sturz vom tarpejischen Felsen. Diejenigen Straftaten, die sich gegen private Güter richteten (Mord, Brandstiftung, Ackergutschädigung), wurden vom Verletzten durch *legis actio sacramento in personam* (S. 63) vor einem Geschworenengericht angeklagt, und der Täter wurde dem Verletzten zur privaten Vollstreckung überwiesen.

Auf vorsätzlicher Brandstiftung stand wie auf allen Arten der Ackergutschädigung der Tod, auf fahrlässiger Brandstiftung die Züchtigung. Wer als Patron einen Schutzbürger seiner eigenen Gefolgschaft *(cliens)* schädigte, wurde in alter Weise friedlos *(sacer,* S. 14) – das Vergehen war so schwer, daß es nicht innerhalb der Gemeinschaft gesühnt werden konnte.

Die XII Tafeln (8,2–3) schufen nun feste Sanktionen auch für Körperverletzung:

Si membrum rupsit, ni cum eo pacit, talio esto.	Wenn jemand einen Körperteil verletzt, so soll ihm dasselbe geschehen, wenn er sich nicht mit ihm einigt.
Manu fustive si os fregit libero, CCC, si servo, CL poenam subito.	Wenn jemand mit der Hand oder einem Knüppel einem Freien einen Knochen bricht, so soll er 300 As Buße zahlen, bei einem Sklaven 150.

Erlaubt war nur noch die Zufügung höchstens desselben Unrechts (Talion); offenbar riskierte der Verletzte, wenn er dieses Maß überschritt, selbst eine Körperverletzungsklage. Da dadurch die Übermaßrache verboten wurde, muß man in der Vorschrift (ebenso wie im alttestamentarischen „Auge um Auge, Zahn um Zahn", *Exodus* 21,24) einen rechtszivilisatorischen Fortschritt sehen. So war es auch für den Verletzten sinnvoll, eine Einigung mit dem Täter herbeizuführen, und daher dürften Fälle tatsächlicher Wiedervergeltung selten gewesen sein. Für schwerere Körperverletzungen wie Knochenbrüche sahen die XII Tafeln feste Bußsätze vor, ohne hier Talion überhaupt zuzulassen; bei Sklaven war nur die Hälfte der Buße zu zahlen.

Bei Offenkundigkeit entfiel die Verhandlung; wer einen Dieb nachts antraf, durfte ihn ohne weiteres töten; war der Dieb tagsüber angetroffen worden und verteidigte er sich mit einer Waffe, so durfte er auch getötet werden, doch hatte der Bestohlene unmittelbar danach die Nachbarn herbeizurufen (altlateinisch *endoplorare*, später *implorare* „herbeirufen", *plorare* leitet sich vielleicht von *pro orare* „herbei! rufen" her). In anderen Fällen durfte ein auf frischer Tat ertappter Dieb nur nach einem regulären Gerichtsverfahren bestraft werden, Freie wurden gezüchtigt, diebische Sklaven in jedem Fall vom Felsen gestürzt. War der Dieb nicht auf frischer Tat ertappt, aber verdächtig, so konnte der Bestohlene eine Haussuchung beim Verdächtigten vornehmen. Der auf frischer Tat ertappte Dieb mußte das Vierfache des gestohlenen Gegenstandes ersetzen, der nur überführte das Drei- oder Zweifache.

III. Von den XII Tafeln
bis zum Ende der Republik

Die XII Tafeln hatten den Übergang vom archaischen zum entwickelten Recht eingeleitet; von ihrem Inkrafttreten sollte es noch 300 Jahre dauern, bis sich eine wirkliche Rechtswissenschaft (ab 150 v. Chr.) bildete. Die Zeit vom 5. bis zum 1. Jhdt. v. Chr. ist gekennzeichnet durch eine fortschreitende Entwicklung von der starren Befolgung des geschriebenen Rechts bis hin zur flexiblen Anwendung eines gedanklichen Systems.

1. Von der archaischen zur hellenistischen Jurisprudenz

Das archaische Recht war genuin römisch: Verbindungen zum etruskischen oder gar zum griechischen Recht sind für die altzivilen Rechtsgeschäfte aus der Zeit vor den XII Tafeln nicht erweisbar. Es war geprägt durch Ritualismus; daß es religiöse Ursprünge hatte, ist eine Binsenwahrheit, die keiner weiteren Begründung bedarf. In Einzelheiten ist vieles ungeklärt oder hypothetisch. Jedenfalls ist die altrömische Religion gekennzeichnet durch die Frage nach der *Erforschung der Zukunft* und den Versuch, *mit der Götterwelt Verträge* über die künftige Entwicklung zu schließen. Das älteste Priesterkollegium ist das der *Auguren*, welche aus Vorzeichen der Naturwelt die *Zukunft* zu enträtseln versuchten. Vergleicht man die Arbeitsweise und die Sprache der Auguren mit den altzivilen Rechtsgeschäften, so findet man eine erstaunliche Ähnlichkeit: Das Ritual der Manzipation (S. 20) gleicht im Ablauf dem der Inauguration von Beamten; die Stipulation – jenes Rechtsgeschäft, das durch Frage und Antwort eine Verbindlichkeit erzeugt – hat ihre Wurzeln im Stipulationsakt des Beamten, der den Augur über die Vorzeichen befragt (S. 27), und auch zahlreiche andere Fachausdrücke des Vor-XII-Tafel-Rechtes sind aus der Auguralsprache entlehnt; schließlich zeigt sich in der Umständlichkeit der archaischen juristischen Rituale und der mehrfach dasselbe mit anderen Worten ausdrückenden Sprache ein pedantisches

Bedürfnis, nichts zu vergessen – auch dies ein Kennzeichen der Augurendisziplin. So sei die Vermutung gewagt, daß die Träger des archaischen Rechtes die Auguren waren.

Die augurale Epoche wurde durch die XII Tafeln beendet. Angeblich soll eine römische Gesandtschaft in Athen Rat geholt haben, um auf dieser Grundlage die Kodifikation zu leisten. Dies mag in gewissem Sinne zutreffen. Die Sprache der XII Tafeln unterscheidet sich jedenfalls ganz entscheidend von der der umständlichen altzivilen Rechtsgeschäfte; sie ist ganz lapidar und läßt alles Überflüssige weg; manche Gesetze scheinen wörtliche Übernahmen griechischer Gesetze zu sein.

Nach dem Sturz der Könige (510 v. Chr.) trat das Kollegium der *Pontifices* auf. Diese waren Staatspriester, die den Kontakt mit den Göttern durch Opferkult und *Verträge* suchten, und allmählich nahmen sie in der mittleren Republik die führende Stelle in der Geistlichkeit ein. In Ritual und Sprache unterschieden sich die Pontifices deutlich von den Auguren, und die Gesetze und Rechtsgeschäfte aus der mittleren Republik tragen den Stempel dieses Kollegiums. Daher spricht man von der *pontifikalen* Jurisprudenz der Republik.

Die Pontifices bemächtigten sich des XII-Tafel-Rechts und legten dessen Sprache nach ihren eigenen Regeln aus. Sie sorgten für eine starre Interpretation des Gesetzes und ließen keinerlei Abweichungen zu. Die Zeit bis zur Mitte des 2. Jhdts. v. Chr. wird vom pontifikalen Rigorismus beherrscht. Ein berühmtes Beispiel (Gaius, *institutiones* 4,11) zeigt die Versteinerung der Rechtswissenschaft durch die Pontifices:

Unde eum, qui de vitibus succisis ita egisset, ut in actione „vites" nominaret, responsum est rem perdidisse, quia debuisset „arbores" nominare, eo quod lex XII tabularum, ex qua de vitibus succisis actio competeret, generaliter de „arboribus succisis" loqueretur.	Daher wurde ein Rechtsgutachten erteilt, daß jemand, der wegen abgehauener Weinstöcke geklagt und dabei in der Klage „Weinstöcke" gesagt hatte, seinen Prozeß verloren habe, weil er sie hätte „Bäume" nennen müssen, denn im XII-Tafel-Gesetz, aus welchem ihm die Klage wegen der abgehauenen Weinstöcke zustehe, sei allgemein von „abgehauenen Bäumen" die Rede.

Mitte des 2. Jhdts. v. Chr. führten auch äußere Ereignisse zur Erneuerung der Rechtswissenschaft. Die Eroberung Griechenlands führte eine gewaltige Zahl gefangener Griechen nach Rom, von denen die Gebildeten Einfluß auf ihre neuen Herren errangen und das Interesse für die griechische Kultur erweckten; man denke nur an das Schicksal des Historikers Polybios, der 167 in das Haus des jüngeren Scipio Africanus gelangte. 156/155 v. Chr. kam eine athenische Philosophengesandtschaft nach Rom. Die Angehörigen der römischen Nobilität folgten begeistert den Lehrvorträgen der Gesandten, und der Einfluß der griechischen Philosophie auf die spätrepublikanische Jurisprudenz kann nicht hoch genug eingeschätzt werden. Einige der großen Juristen sind ersichtlich von der stoischen Philosophie beeinflußt (Q. Mucius Scaevola, der Augur, und Q. Mucius Scaevola, der Pontifex, P. Rutilius Rufus, der ältere Q. Aelius Tubero), andere standen der skeptischen Akademie näher (Servius Sulpicius Rufus, C. Aquilius Gallus). Griechenland brachte vor allem System und Methode nach Rom – die Einteilung der Wissenschaften in ihre Untergruppen, die Definitionen der Fachbegriffe, die Bildung von Regeln und die deduktive Methode hat Rom den Griechen zu verdanken. Aber nicht nur das gedankliche Gerüst, sondern auch ein neues Verständnis von Gerechtigkeit hat seine Wurzeln in der Begegnung mit der griechischen Philosophie. Die Pontifices hatten ihre juristische Tätigkeit auf die Auslegung und Anwendung der Gesetze beschränkt, ohne danach zu fragen, ob sie Gerechtigkeit verwirklichten; die „hellenistische" Epoche der römischen Jurisprudenz erkannte, daß über dem positiven Recht eine Idee der Gerechtigkeit stand, die es zu erforschen und zu verwirklichen galt. Die Stoa glaubte, das überpositive Prinzip der Gerechtigkeit sei von der Weltvernunft geschaffen, und es gelte nur, es zu erkennen, um es durchsetzen zu können; daß Q. Mucius Scaevola Pontifex „Treu und Glauben" *(bona fides)* in die juristische Arbeitstechnik einführte, ist vor diesem Hintergrund zu sehen. Die skeptische Akademie hingegen stand moderner Wissenschaftslehre näher, indem sie aus der Beschränktheit der menschlichen Erkenntnisfähigkeit folgerte, daß man sich der Wahrheit nur in Wahrscheinlichkeitsgraden der Erkenntnis nähern, nie sie aber erreichen könne; so meinte Servius, daß eine mehrdeutige testamentarische Erklärung eines Erblassers (den man nach seinem Tode ja nicht mehr befragen konnte, was er wirklich gemeint habe) nach dem gewöhnlichen Sprachgebrauch und nicht nach einer vom Erblasser gemeinten Sonderbedeutung auszulegen sei – der Skeptiker kann nämlich eine sprachliche Erklärung nur so auslegen, wie die Gemeinschaft der Sprechenden sie versteht, denn der *communis usus* („gewöhnliche Gebrauch") erfaßt mit höherer Wahrscheinlichkeit die wahre Bedeutung (*Digesta* 33,10,7). Die Einteilung der körperlichen Gegenstände in einheitliche (Sklave, Stein), zusammengesetzt verbundene (Gebäude, Schiff) und getrennte Sachen (Herde) – *Digesta* 41,3,30 pr. – geht auf den Stoiker Chrysippos zurück und wirkt heute noch in § 93 BGB (das „Wesen" einer Sache ist die stoische *hexis*) nach; die Abgrenzung von Tausch und Kauf (Gaius, *institutiones* 3,141) geht auf die Erkenntnis der skeptischen Akademie von der allmählich fortschreitenden Entwicklung der menschlichen Gesellschaft von der Stufe des Naturaltausches zur Geldwirtschaft zurück, was schon der Sophist Protagoras und Aristoteles ausgesprochen hatten, während die Stoa annahm, die Gesellschaft habe sich von einem ursprünglich idealen Naturzustand zur modernen Zivilisation verschlechtert, so daß der Tausch nur eine Abart des Kaufes darstelle und daher von ihm auch begrifflich-juristisch nicht zu trennen sei. § 480 BGB steht auf dem Standpunkt der Skepsis – da der Tausch nur *wie* der Kauf behandelt wird, ist er von ihm begrifflich verschieden.

2. Vom XII-Tafel-Prozeß zum Formularprozeß

a) Die XII Tafeln regelten in großer Gründlichkeit das Zivilverfahren, das im allgemeinen Ablauf bis heute gleich geblieben ist. Es begann mit der Ladung des Beklagten (Schuldners) durch den Kläger (Gläubiger). Der Kläger forderte den Beklagten in formgebundener Rede auf, sofort mit ihm vor Gericht zu gehen (*in ius vocatio* „Ladung vor Gericht"); weigerte sich der

Beklagte, so mußte der Kläger Zeugen aufrufen und durfte erst dann Gewalt anwenden; sträubte sich der Beklagte immer noch, so durfte der Kläger ihn förmlich durch „Handanlegung" *(manus iniectio)* verhaften und vor den Prätor führen (*XII Tafeln* 1,1–2).

Si in ius vocat, ito; ni it, antestamino; igitur em capito. Si calvitur pedemve struit, manum endo iacito.	Wenn jemand vor Gericht lädt, muß er gehen; geht er nicht, soll er Zeugen aufrufen und erst dann ihn anfassen. Wenn er sich sträubt oder wegläuft, soll er ihn verhaften.

Kranken und Alten hatte der Kläger ein Fahrzeug zu stellen; es genügte allerdings ein offener Wagen. Das Verfahren sollte schnell gehen, bis Mittag oder spätestens Abend mußte es beendet sein. War der Beklagte aber trotz *in ius vocatio* nicht erschienen oder hatte er sich von der Gerichtsstätte entfernt, so wurde er nicht vor dem Mittag zur Zahlung verurteilt (heute: § 331 Zivilprozeßordnung). Nach dem Urteil hatte der Schuldner 30 Tage Zeit, seine Urteilsschuld – in öffentlicher Weise, nämlich durch *solutio per aes et libram* (S. 28) – zu zahlen; erst dann durfte der Gläubiger zur Vollstreckung schreiten. Diese war freilich recht unangenehm. Der Gläubiger durfte nun den Schuldner durch *in ius vocatio* vor den Prätor laden (bzw. den wegen Sträubens bereits Verhafteten vorführen) und dort, nachdem nur noch festgestellt wurde, ob der Schuldner in der Zwischenzeit gezahlt hatte, durch „Spruchformelklage durch Handanlegung" *(legis actio per manus iniectionem)* endgültig verhaften und 60 Tage in Privathaft nehmen. Fesseln von höchstens 15 Pfund durfte er ihm anlegen und mußte ihm täglich ein Pfund Speltweizen *(far)* zur Verfügung stellen, falls der Schuldner sich nicht aus eigenem Vermögen ernährte. Innerhalb dieser 60 Tage mußte der Gläubiger den Schuldner an drei Markttagen öffentlich ausbieten; fand sich niemand, der den Schuldner mit der Urteilssumme auslöste, so war der Gläubiger berechtigt, den Schuldner zu töten oder ihn ins Ausland zu verkaufen. Was Ausland war, bestimmten die XII Tafeln genau: *trans Tiberim* „jenseits des Tibers", also ins heutige Trastevere, das im 5. Jhdt. v. Chr. noch nicht zur Stadt Rom gehörte. Das harte Verfahren erhöhte zweifellos die Zahlungsmoral der Schuldner. Gegen Ende des 4. Jhdts. v. Chr. wurde die Fesselung der Schuldner verboten, und die Zwangsvollstreckung durch Privathaft wandelte sich bald in eine Vermögenszwangsvollstreckung um (S. 72).

Eine Besonderheit des Verfahrens ist sehr bemerkenswert.

Die Vollstreckung setzte im Regelfall ein Urteil voraus; in gewissen Fällen durfte der Gläubiger aber auch ohne Urteil sofort die *legis actio per manus iniectionem* vollziehen, dann nämlich, wenn die Schuld offenkundig war. Dies geschah unter anderem in folgenden Fällen:

(1) Wenn der Schuldner vor Beendigung des Erkenntnisverfahrens seine Schuld anerkannt hatte; das Anerkenntnis vor Gericht ersetzte ein Urteil (*XII Tafeln* 3,1):

Aeris confessi rebusque iure iudicatis triginta dies iusti sunto.	Bezüglich einer vor Gericht anerkannten Geldschuld und bei Urteilen auf der Gerichtsstätte sind 30 Tage rechtmäßig.

Noch heute gilt die Regel *confessus pro iudicato habetur* („wer anerkannt hat, wird wie ein Verurteilter behandelt", vgl. § 307 Zivilprozeßordnung).

(2) War die Schuld öffentlich bekannt, so hielt man ein Erkenntnisverfahren für überflüssig, nämlich bei Ertappung eines Diebes auf handhafter Tat (*fur manifestus* „offenkundiger Dieb") und – für die weitere Entwicklung des Zivilverfahrens besonders wichtig – bei Begründung eines Schuldverhältnisses durch eine Manzipation; die fünf Zeugen vertraten ja die Volksgemeinde, und so wußte jedermann Bescheid, daß jemand verpflichtet war. Manzipationsschulden wurden wie Urteilsschulden behandelt; sie mußten mit demselben öffentlichen Erfüllungsgeschäft, der *solutio per aes et libram* (S. 28), beglichen werden und waren ebenso vollstreckbar. Daher war der Anspruch gegen den Manzipationsveräußerer aus *auctoritas* (S. 26) sofort vollstreckbar, ebenso die Forderung eines Vermächtnis-

nehmers auf Ausfolgung eines Damnationslegates, welches ja in einer Manzipation durch *„ita do ita lego ita testor"* nunkupiert worden war (S. 51), oder ein durch Nexum offenkundig gemachter Darlehensrückzahlungsanspruch (S. 27). Wahrscheinlich riskierte auch ein Beklagter, der sich der *in ius vocatio* widersetzte und daher nach Zeugenaufruf verhaftet werden durfte, die sofortige Vollstreckung ohne Urteil.

(3) Schließlich setzten manche Gesetze von vornherein fest, daß bestimmte Forderungen sofort vollstreckbar waren, so etwa die *lex Aquilia* (286 v. Chr., S. 83; hier hieß es im Gesetz *dare damnas esto* „er soll wie ein Verurteilter zahlen") oder der Rückgriffsanspruch eines Bürgen gegen den Hauptschuldner, für den er gezahlt hatte, nach der *lex Publilia* (4./3. Jhdt. v. Chr.).

b) Das XII-Tafel-Recht und die frühe Republik kannten nur fünf verschiedene Klagearten, die sogenannten *legis actiones* „Spruchformelklagen", deren Besonderheit darin lag, daß der Kläger eine „Spruchformel" *(lex)* in ritueller Weise sprechen mußte.

(1) Die *legis actio sacramento* („Spruchformelklage vermittels Prozeßeinsatzes"). Sie existierte in zwei Unterformen: als dingliche Klage *(in rem)* und als persönliche Klage *(in personam)*. Mit der *legis actio sacramento in rem* verfolgte ein Eigentümer die Herausgabe seiner Sache vom Besitzer, der sie, ohne dazu berechtigt zu sein, besaß (S. 15). Ähnlich verlief die *legis actio sacramento in personam*, mit welcher Forderungen auf Zahlung von Geld, etwa vom Stipulationsschuldner (S. 25) oder vom Dieb, verfolgt wurden, aber auch ein privates Strafverfahren eingeleitet wurde (S. 55).

(2) Das Sakramentsverfahren hatte schon lange vor den XII Tafeln existiert und wurde von Anfang bis Ende vor dem Prätor durchgeführt. Die XII Tafeln führten mit der *legis actio per iudicis arbitrive postulationem* ein weiteres Verfahren ein, welches die Teilung des Verfahrens in zwei Schritte vor dem Prätor und vor einem „Richter" vorsah, dafür aber auf das Sakrament verzichtete. Zunächst für Teilungsklagen

(Erbschaftsauseinandersetzung und Teilung von Miteigentum): Das Verfahren wurde vor dem Prätor eingeleitet, der einen *arbiter* „Gangrichter" (S. 49) einsetzte, der mit den Parteien das zu teilende Vermögen besichtigte. Da es weniger um kontradiktorische Behauptungen, sondern um einverständliche Auseinandersetzung ging (wir sprechen heute von „freiwilliger Gerichtsbarkeit", vgl. etwa §§ 93, 99, 149 Gesetz über die Angelegenheiten der freiwilligen Gerichtsbarkeit), bedurfte es keines Sakraments, denn beim Ausgang des Verfahrens gab es keinen Verlierer. Die XII Tafeln ließen dasselbe Verfahren auch für Klagen aus Stipulationen, mit denen die Vornahme einer Handlung gefordert wurde (*te sistere spondes?* „versprichst du, dich zu stellen?", S. 27) zu, da hier der *arbiter* eine Abschätzung der versprochenen Handlung in Geldwert vornehmen mußte. Schließlich auch für Stipulationen auf Zahlung einer Geldsumme: Hier nannte man den eingesetzten Richter *iudex* „Recht-Sprecher". Daß bei Stipulationsklagen, die streitig waren, auf das Sakrament verzichtet wurde, mag eine Reform zu Gunsten sozial Schwacher bedeuten.

Die Zweiteilung des Verfahrens in zwei Schritte, *in iure* („vor Gericht", d. h. vor dem Prätor; der Prätor spricht *ius* „Recht", und wo der Prätor ist, ist *ius* „die Gerichtsstätte") und *apud iudicem* („vor dem Richter") ist in der Folgezeit für alle weiteren Verfahren durchgeführt worden und zum kennzeichnenden Merkmal des römischen Zivilverfahrensrechtes geworden.

(3) Die *lex Silia* (4. Jhdt. v. Chr.) führte eine weitere Klageart für Ansprüche auf zahlenmäßig bestimmte Geldsummen ein. Nach Streitbegründung vor dem Prätor wurde dem Beklagten eine Frist von 30 Tagen gegeben, nach deren erfolglosem Ablauf der Richter eingesetzt wurde – davon zu unterscheiden sind die „30 rechtmäßigen Tage", die der Beklagte nach dem Urteil als Schonfrist hatte (S. 61 f.). Vom „Ansagen" der 30-Tages-Frist (*condicere*) nannte man dieses Verfahren *legis actio per condictionem* („Spruchformelverfahren durch Fristansage"). Das Wort *condicere* stammt

aus der religiösen Sphäre: die Auguren pflegten den Göttern Fristen „anzusagen" *(condicere)*, innerhalb derer sie die Sendung von Vorzeichen erwarteten.

Im Laufe der Zeit wurde die *legis actio per condictionem* zuständig für folgende Ansprüche, die auf eine bestimmte Geldsumme gerichtet waren: (a) Rückzahlung eines Darlehens *(mutuum)*, (b) Zahlung einer durch Stipulation (S. 26) versprochenen Geldsumme, (c) Zahlung einer durch Briefvertrag (S. 77) versprochenen Geldsumme. Als das Legisaktionenverfahren durch das Formularverfahren abgelöst wurde (S. 66), übernahm die neue Klageart den Namen *condictio*, ohne daß jetzt noch die für die *legis actio per condictionem* typische 30-Tages-Frist gewährt wurde. Schließlich gab es Fälle, in denen die Begründung eines Darlehensvertrages unwirksam war (etwa weil eine Partei nicht geschäftsfähig war, oder bei Dissens), das Darlehen aber trotzdem ausgezahlt worden war; zur (d) Rückforderung einer solchermaßen rechtsgrundlos ausgezahlten Summe verwandte man auch die *condictio*, und hieraus erklärt sich, warum wir noch heute den Rückerstattungsanspruch aus ungerechtfertigter Bereicherung (§ 812 BGB) „Kondiktion" nennen.

Die drei genannten Legisaktionen waren die Verfahrensarten des „Erkenntnisverfahrens", in welchem es um die Frage ging, ob dem Gläubiger der behauptete Anspruch gegen den Schuldner zustand. Nur wenn ein Anspruch mit einer der drei Legisaktionen geltend gemacht werden konnte, war er einklagbar, sonst nicht. So erklärt es sich, daß etwa der Kaufpreisanspruch des Verkäufers (heute: § 433 Abs. 2 BGB) oder der Lohnanspruch des Werkunternehmers (heute: § 631 BGB) nicht vor Gericht geltend gemacht werden konnten. Doch spielte dies in der Praxis keine große Rolle, da man, um Klagbarkeit zu erreichen, alle noch offenen Forderungen zu stipulieren (S. 27) pflegte, so daß sie mit einer *legis actio* eingeklagt werden konnten.

Zwei weitere Legisaktionen dienten dem Vollstreckungsverfahren. (4) Die *legis actio per manus iniectionem* zur Verhaftung des verurteilten, geständigen oder offenkundigen Schuldners vor dem Prätor und Einleitung der Personalvollstreckung haben wir S. 62 schon kennengelernt; daneben existierte (5) eine *legis actio per pignoris capionem* („durch Pfandnahme") zur Vollstreckung in einigen wenigen Sonderfällen.

c) Wohl im 3. Jhdt. v. Chr. bahnte sich aus mehreren Gründen eine grundlegende Änderung des Zivilverfahrens an. Die *lex Poetelia* (326 v. Chr.) hatte die Fesselung des verhafteten Schuldners verboten, und so verlor die *manus iniectio* ihren Schrecken, aber auch ihre Wirksamkeit; das Bedürfnis zu einem neuen Vollstreckungsverfahren wurde immer stärker. Die Inflexibilität des Legisaktionenverfahrens wurde immer deutlicher: Nur bestimmte rituelle Worte *(certa verba)* durften verwendet werden; hatte der Kläger sich versprochen, so durfte er die Klage nicht wiederholen und verlor den Prozeß (S. 58). Für immer mehr Forderungsarten einer sich jetzt entwickelnden Marktwirtschaft gaben die Legisaktionen keine Klage. Die Legisaktionen waren nur römischen Bürgern erlaubt, ein Nichtbürger hatte grundsätzlich keinen Rechtsschutz, es sei denn, Rom hatte in einem völkerrechtlichen Vertrag den Angehörigen eines bestimmten Staates den Zugang zum Legisaktionenverfahren erlaubt. Gerade für Prozesse mit Ausländern fand der im 3. Jhdt. v. Chr. neu eingeführte Fremdenprätor *(praetor peregrinus*, S. 36) Abhilfe. Er schuf ein formloses, nichtrituelles Verfahren, in welchem Römer und Nichtbürger ohne die Zwänge der Legisaktionen Klage führen konnten. Irgendwann wurde es möglich, daß auch zwei römische Parteien den Prozeß vor dem Fremdenprätor führten. Eine *lex Aebutia* (etwa 200 v. Chr.) erlaubte nunmehr, das neue Verfahren auch vor dem Stadtprätor *(praetor urbanus)* durchzuführen, und es setzte sich schnell durch. Im Jahre 17 v. Chr. wurde das Legisaktionenverfahren fast völlig abgeschafft.

Das neue Verfahren lief folgendermaßen ab: Wie bisher mußte der Gläubiger den Schuldner durch *in ius vocatio* (S. 60) vor den Prätor laden. Dort aber verhandelten die Parteien in freier Rede über die Bestimmung des Streitgegenstandes. Der Prätor legte in einer schriftlich abgefaßten Klagformel *(formula)* die Klageart *(actio)* fest und überwies nach einem förmlichen Akt der „Streitbefestigung" (*litis contestatio* – ihr entspricht die heutige Rechtshängigkeit) die Parteien an den *iudex*, der die Beweise erhob und je nach Ergebnis der Beweisaufnahme verurteilte oder freisprach. Anders als im Legisaktionenverfahren war der Wortlaut der Klagformel nicht festgelegt, vielmehr traten nun an die Stelle der alten *certa verba* (S. 66) sogenannte *concepta verba* („dem jeweiligen Sachverhalt angepaßte Worte"), und der Prätor war völlig frei in der Entwicklung neuer Klagearten. Er pflegte die von ihm gewährten *actiones* am Anfang des Amtsjahres in seinem *edictum* („Verfahrensordnung") festzulegen, konnte aber auch während der Amtszeit weitere *actiones* entwickeln. Sein Nachfolger übernahm regelmäßig die vom Vorgänger proponierten Klagearten und fügte vielleicht einige hinzu – so schwoll das *edictum praetoris urbani* immer mehr an, bis schließlich um 130 n. Chr. der Jurist Julian im Auftrag des Kaisers Hadrian ein *edictum perpetuum* („ewiges Edikt") redigierte, das fortan nicht mehr verändert wurde. Einige Beispiele sollen das „Formularverfahren" (auch „Aktionenverfahren" genannt) illustrieren.

Wenn der Eigentümer vom Besitzer die Herausgabe seiner Sache (heute: § 985 BGB) forderte, so erteilte der Prätor folgende Formel:

Titius iudex esto.	Titius sei Richter.
Si paret rem, qua de agitur, ex iure Quiritium Auli Agerii esse,	Wenn es sich erweist, daß die Sache, um die geklagt wird, nach dem Recht der römischen Bürger dem Aulus Agerius gehört,
neque ea res arbitrio iudicis Aulo Agerio restituetur,	und diese Sache nicht nach dem Ermessen des Richters dem Aulus Agerius herausgegeben wird,
quanti ea res erit, tantam pecuniam iudex Numerium Negidium Aulo Agerio condemnato;	dann soll der Richter den Numerius Negidius zu Gunsten des Aulus Agerius zu so viel Geld verurteilen, wieviel die Sache wert sein wird;
si non paret, absolvito.	wenn es sich nicht erweist, soll er ihn freisprechen.

Der Prätor konnte das Formular mit den für den Eigentumsherausgabeanspruch vorgesehenen Worten je nach konkretem Sachverhalt variieren. Die Klage hieß in Erinnerung an das alte

Recht (S. 19) *vindicatio.* Die beiden Namen der Parteien sind natürlich Blankettnamen, für welche die richtigen Namen eingesetzt wurden. Wie Tucholsky von Peter Panter und Theobald Tiger sprach, so pflegten römische Rechtslehrer den Kläger mit *Aulus Agerius* zu bezeichnen, den Beklagten aber mit *Numerius Negidius. Aulus* war ein Allerweltsvorname; *Agerius* kommt von *agere* „klagen" (ein Wort, das nichts mit *agere* „treiben" zu tun hat, sondern mit *aio* „ich behaupte" verwandt ist; *actio* „Klage" bedeutet daher eigentlich „Rechtsbehauptung"); *Numerius Negidius* war der, der seine Zahlungsverpflichtung bestritt (*numerare* „zahlen" und *negare* „bestreiten"; *negat* „er bestreitet" ist aus *ne ait* „er sagt: nein" abgeleitet). In den Blankettformeln für die Klagen wurden die beiden Parteien mit A. A. und N. N. abgekürzt (von letzterem stammt auch unser „N. N.", das wir für noch unbekannte Personen verwenden). Die vom Prätor erteilte Formel befahl dem Richter zu prüfen, ob Agerius Eigentümer nach dem Recht der römischen Bürger war – dann und nur dann mußte Negidius die Sache herausgeben. Der Richter sollte ferner dem Negidius auftragen, die Sache zurückzugeben; tat er dies nicht, so wurde er in die Höhe des Schätzwertes der Sache verurteilt. Eine Verurteilung zur Herausgabe der Sache gab es nicht; es konnte nur in Geld kondemniert (verurteilt) werden. Vielleicht hängt das Prinzip der Geldkondemnation damit zusammen, daß in der alten *legis actio sacramento* das System des Sakraments, der ursprünglichen Sühnesumme, eine Umrechnung in Geld erzwang. Daher jedenfalls konnte Negidius sich tatsächlich weigern, die Sache zurückzugeben und statt dessen die Verurteilungssumme zahlen, und solche Fälle sind auch vorgekommen. Damit ihm das nicht so leicht fiel, verurteilte der Richter nicht in den gemeinen Wert des Sklaven, sondern in die Höhe eines vom Kläger eidlich beschworenen Wertes – dieser konnte natürlich erheblich höher liegen als der gemeine.

Der Richter durfte *nur* prüfen, ob Agerius Eigentümer war. Unberücksichtigt blieb, ob Negidius etwa zum Besitz berechtigt war. Z. B. mochte es geschehen sein, daß Agerius einen Sklaven dem Negidius verkauft und nicht manzipiert, sondern nur tradiert hatte. Wie wir S. 44 gesehen haben, mußte Negidius nun ein Jahr warten, bis er durch *usucapio* volles Eigentum am Sklaven hatte. Wenn während der Usukapionszeit Agerius den Sklaven von Negidius herausverlangte, war er formal im Recht und Negidius wurde verurteilt. Doch konnte Negidius sich wehren: Er mußte nur beim Prätor eine „Einrede der verkauften und übergebenen Sache" *(exceptio rei venditae et traditae)* beantragen, die dann in die Klagformel eingefügt wurde:

Titius iudex esto.	Titius sei Richter.
Si paret rem, qua de agitur, ex iure Quiritium Auli Agerii esse,	Wenn es sich erweist, daß die Sache, um die geklagt wird, nach dem Recht der römischen Bürger dem Aulus Agerius gehört,
si non Aulus Agerius eam rem, qua de agitur, Numerio Negidio vendidit et tradidit, neque ea res arbitrio iudicis Aulo Agerio restituetur,	wenn nicht A. A. die Sache, um die es geht, dem N. N. verkauft und übergeben hat, und diese Sache nicht nach dem Ermessen des Richters dem Aulus Agerius herausgegeben wird,
quanti ea res erit, tantam pecuniam iudex Numerium Negidium Aulo Agerio condemnato;	dann soll der Richter den Numerius Negidius zu Gunsten des Aulus Agerius zu so viel Geld verurteilen, wieviel die Sache wert sein wird;
si non paret, absolvito.	wenn es sich nicht erweist, soll er ihn freisprechen.

Die *exceptio* befahl dem Richter, den Einredetatbestand ebenfalls zu prüfen – kam er zu dem Ergebnis, daß zwar A. A. der Eigentümer war, er aber den Sklaven dem N. N. verkauft und bereits übergeben hatte, ohne die Übereignung zu vollziehen, so war die Klage abzuweisen. *Actio* und *exceptio* wurden vom Prätor auf Grund der bloßen Behauptung von Klägern und Beklagten erteilt; erst der *iudex* prüfte den Wahrheitsgehalt. Hatte Negidius übrigens versäumt, beim Prätor die Aufnahme der *exceptio* in die Klagformel zu beantragen, so wurde er vor dem Richter nicht mehr mit seiner Einrede gehört. Im modernen Recht gibt es eine ganz vergleichbare Situation: Wer als Verkäufer unter Eigentumsvorbehalt verkauft und übergeben hat, bleibt formal Eigentümer und hätte eigentlich den Anspruch des Eigentümers gegen den Besitzer (§ 985 BGB) – doch steht ihm die Einrede des rechtmäßigen Besitzes (§ 986 BGB) entgegen. § 985 hat sich aus der alten *vindicatio* entwickelt (der in dieser Vorschrift geregelte Anspruch wird auch noch als „Vindikation" bezeichnet"), § 986 ist eine Fortführung der *exceptio rei venditae et traditae*.

Bleiben wir bei unserem Beispiel des Käufers, der eine *res mancipi* tradiert bekommen hatte, so daß er noch das Usukapionsjahr abwarten mußte. Wenn ihm die Sache abhanden gekommen war, konnte er gegen den jetzigen Besitzer keinesfalls mit der *vindicatio* vorgehen, denn er konnte die Voraussetzung seines eigenen Eigentums (noch) nicht beweisen. Der Prätor half mit der Fiktion, das Usukapionsjahr sei schon abgelaufen; die Klagformel wurde von einem Prätor namens Publicius entwickelt und hieß daher *actio Publiciana*:

Si, quam hominem Aulus Agerius emit et is ei traditus est, anno possedisset, tum si eum hominem, de quo agitur, eius ex iure Quiritium esse oporteret,	Wenn, falls A. A. den Sklaven, den er gekauft und der ihm übergeben ist, ein Jahr besessen hätte, dann dieser Sklave, um den geklagt wird, nach dem Recht der römischen Bürger ihm gehören würde,
si is homo arbitrio iudicis Aulo Agerio non restituetur ...	wenn dieser Sklave nicht nach dem Ermessen des Richters dem A. A. herausgegeben wird ...

Auch heute kann z. B. der Vorbehaltskäufer die Sache, die ihm ja noch nicht gehört, von einem nichtberechtigten Besitzer nicht gemäß § 985 BGB herausverlangen (die Vorschrift setzt Eigentum des Klägers voraus); vielmehr hilft ihm § 1007 BGB, eine Vorschrift, die dem früheren Besitzer einen Anspruch gegen den jetzigen nichtberechtigten Besitzer gewährt und die alte *actio Publiciana* fortsetzt.

Ein letztes Beispiel zeigt keine Lehrbuchformel, wie oben *vindicatio* und *actio Publiciana*, sondern eine in einer römischen Urkunde (S. 115) überlieferte und in der Rechtschreibung nicht ganz perfekte *condictio* aus dem Jahre 52 n. Chr. (*TPSulp.* 31 Camodeca = *TPN* 29 Wolf):

Caius Blossius Celadus iudex esto.	Gaius Blossius Celadus sei Richter.
Si parret Caium Marcium Saturninum Caio Sulpicio Cinnamo HS sex milia dare oportere, qua de re agitur, Caius Blossius Celadus iudex Caium Marcium Saturninum HS sex milibus Caio Sulpicio Cinnamo condemnato; si non parret, apsolvito.	Wenn es sich erweist, daß Gaius Marcius Saturninus dem Gaius Sulpicius Cinnamus 6 000 Sesterze schuldet, worüber geklagt wird, dann soll der Richter C. Blossius Celadus den C. Marcius Saturninus zu Gunsten des C. Sulpicius Cinnamus zu 6 000 Sesterzen verurteilen; wenn es sich nicht erweist, soll er ihn freisprechen.

Die *condictio* (S. 65) setzte voraus, daß Saturninus aus Darlehen, Stipulation, Briefvertrag oder ungerechtfertigter Bereicherung Geld schuldete. Eben dies behauptete Cinnamus, weswegen ihm die Klage erteilt wurde.

Das Formularverfahren, das hier nur kurz vorgestellt werden konnte, entwickelte sich seit dem 2. Jhdt. v. Chr. zu *dem* beherrschenden Verfahren des römischen Zivilprozesses. Durch seine unglaubliche Flexibilität erlaubte es die Entwicklung von Klagformeln zu beliebigen Ansprüchen, und der ganze Scharfsinn der römischen Juristen konzentrierte sich auf die Auslegung der zahlreichen und bis zum *edictum perpetuum* immer neuen Klagformeln und ihre Fortbildung. Juristen des modernen Privatrechts nehmen die „materiellen" Anspruchsnormen eines Zivilgesetzbuches, etwa des BGB, des österreichischen Allgemeinen Bürgerlichen Gesetzbuchs, des französischen Code Civil, zum Ausgang der Auslegung und Erläuterung (§ 985 BGB: „Der Eigentümer kann vom Besitzer die Herausgabe der Sache verlangen."); römische Juristen betrachteten hingegen die „prozessualen" Klagformeln *(si paret rem, qua de agitur, ex iure Quiritium Auli Agerii esse)* der Zivilprozeßordnung (des *edictum perpetuum*, S. 67). Abgesehen von diesem strukturellen Unterschied hat sich die Arbeitsweise der Juristen nicht geändert (siehe auch S. 90 ff.).

Die obigen Beispiele stammen aus dem Erkenntnisverfahren, welches feststellt, ob dem Kläger überhaupt ein Anspruch gegen den Beklagten zusteht. Eine weitere sehr einschneidende Änderung brachte das Formularverfahren für das Vollstreckungsverfahren. Wir erinnern uns: Hatte der Kläger im Legisaktionenverfahren ein Urteil erstritten (etwa auf Zahlung einer Geldsumme durch die *legis actio per condictionem*), so konnte er nach Ablauf der *30 dies iusti* („30 rechtmäßige Tage", S. 64) durch *legis actio per manus iniectionem* die *Personal*vollstreckung einleiten. Ohne vorheriges Erkenntnisverfahren konnte die *legis actio per manus iniectionem* bei offenkundiger Schuld (Anerkenntnis, offenkundiger Diebstahl, Manzipation, *lex Aquilia*, Bürgenrückgriff) auch sofort erhoben werden (S. 62).

Das Formularverfahren führte hingegen zur *Vermögens*vollstreckung. Nach Ablauf der 30 rechtmäßigen Tage, die beibehalten wurden, konnte der Kläger mit *in ius vocatio* den Beklagten, der verurteilt war oder vor Gericht seine Schuld anerkannt hatte, wieder vor den Prätor laden und jetzt die *actio iudicati* („Urteilsklage") beantragen. Der *iudex* prüfte nicht mehr, ob dem Kläger der Anspruch zustand, sondern nur noch, ob Urteil oder Anerkenntnis wirksam waren. Verurteilte der *iudex* den Beklagten ein zweites Mal, so konnte der Kläger das gesamte Vermögen (!) des Beklagten in Besitz nehmen; binnen kürzester Fristen wurde ein *magister bonorum* („Konkursverwalter") bestellt, der das Gesamtvermögen versteigerte und aus dem Erlös den die Zwangsvollstreckung betreibenden Kläger sowie weitere Gläubiger, die sich dem Verfahren angeschlossen hatten, befriedigte. Im heutigen Recht findet ein solches Konkursverfahren nur bei Überschuldung des Schuldners statt – das römische Recht sah aber Konkurs immer dann vor, wenn ein Schuldner nach Ablauf von 30 Tagen nach dem Urteil eine wenn auch noch so kleine Urteilsschuld nicht bezahlte. So konnte theoretisch wegen 1 000 Sesterzen ein Vermögen von vielen Millionen versteigert werden. Eine Einzelzwangsvollstreckung, etwa durch Pfändung und Versteigerung einzelner Vermögensgegenstände, wurde erst allmählich in der Kaiserzeit eingeführt. Es versteht sich, daß die drohende Vollstreckung in das gesamte Vermögen auch bei geringen Schulden die römische Zahlungsmoral förderte.

Die für das archaische Recht so charakteristische sofortige

Vollstreckbarkeit ohne Erkenntnisverfahren (S. 62) gab es im Formularverfahren nicht mehr. Abgesehen von der vor Gericht anerkannten Schuld (die auch heute kein Erkenntnisurteil voraussetzt, § 307 Zivilprozeßordnung), konnten keine Forderungen ohne Erkenntnisurteil vollstreckt werden, weder Schadensersatz wegen offenkundigen Diebstahls noch Ansprüche aus Manzipationsgeschäften noch Ansprüche wegen Sachbeschädigung nach der *lex Aquilia* oder Bürgenregresses (nach der *lex Publilia*). An diese Stelle trat die sogenannte *Litiskreszenz*, die Verdoppelung des Schuldbetrages.

Bei gewöhnlichen Ansprüchen (etwa: Rückzahlung eines Darlehens) trat Litiskreszenz erst ein, wenn der Schuldner ein Urteil nicht bezahlt hatte; war der Schuldner z. B. auf Rückzahlung von 1 000 mittels der *condictio* verklagt und verurteilt und zahlte er nicht innerhalb der 30 rechtmäßigen Tage, so konnte die *actio iudicati* auf 2 000 gerichtet werden, so daß der Gläubiger im anschließenden Konkursverfahren mit 2 000 befriedigt wurde. Bei bestimmten Klagearten aber richtete sich schon die Klage im Erkenntnisverfahren auf das Doppelte; es waren genau diejenigen Ansprüche, die im Legisaktionenprozeß ohne Erkenntnisverfahren sofort vollstreckbar gewesen waren, nämlich Ansprüche aus offenkundigem Diebstahl, aus Manzipationsgeschäften (wozu auch das Testament gehörte), wegen Sachbeschädigung und wegen Bürgenregresses. War der Schuldner z. B. als Erbe verpflichtet, einem Vermächtnisnehmer 1 000 auszuzahlen, so richtete sich schon die Klage mit der *actio ex testamento* gegen ihn auf 2 000, und zahlte er auch nach der Verurteilung nicht, so konnte der Gläubiger die *actio iudicati* auf 4 000 anstrengen. Die klassischen Juristen bezeichneten dieses System mit *infitiando lis crescitur in duplum* („durch Abstreiten wächst der Wert des Streitgegenstands auf das Doppelte"), womit nur das Ergebnis, nicht aber die wahre Ursache, nämlich die Ersetzung der sofortigen Vollstreckbarkeit durch Litiskreszenz im 3./2. Jhdt. v. Chr., beschrieben war. Mit der sofortigen Vollstreckbarkeit starb auch die eigentümliche Erfüllungsform für offenkundige Schulden, die *solutio per aes et libram* (S. 62), ab.

Die vom Formularverfahren abgeschaffte sofortige Vollstreckbarkeit ist übrigens heute in § 794 Abs. 1 Nr. 5 Zivilprozeßordnung wieder lebendig.

3. Die Sachmängelgewährleistung

Das Legisaktionenverfahren hatte den Parteien eines Kaufvertrages keine klagbaren Ansprüche auf Lieferung der Ware oder
Zahlung des Preises gewährt; wer gesichert sein wollte, konnte
über den Abschluß von Stipulationen Klagbarkeit erreichen
(S. 27). Im Formularverfahren entwickelte sich, wohl schon im
3. Jhdt. v.Chr., eine *actio venditi* („Verkaufsklage") des Verkäufers auf die Kaufpreiszahlung und eine *actio empti* („Kauf-
klage") des Käufers auf Schadensersatz bei Nichtlieferung; es
waren ja nur Geldansprüche einklagbar (S. 68), und so haftete
der nichtleistende Verkäufer nur auf Geld – anders heute: § 433
Abs. 1 BGB, § 883 Zivilprozeßordnung. Lieferte der Verkäufer
mangelhaft (z.B. wenn er ein krankes Vieh verkaufte, ohne
dem Käufer die Krankheit mitzuteilen), so haftete er nicht aus
der *actio empti*, denn er hatte ja seine Pflicht (Lieferung des
Pferdes) erfüllt. Erst ab dem 1. Jhdt. v.Chr. haftete er wenigstens dann auf Schadensersatz, wenn er gewußt hatte, daß das
Pferd krank war.

Da das prätorische Recht – der Formularprozeß – dieses
Problem nicht lösen konnte, griff die Marktpolizei ein. Diese
wurde von den kurulischen (patrizischen) Ädilen (S. 37) ausge-
übt. Die Ädilen erließen im Laufe der Zeit mehrere Edikte über
den Marktverkauf von Sklaven und Zugtieren; im Gegensatz
zum prätorischen Edikt, welches in seiner Funktion unserer
Zivilprozeßordnung vergleichbar ist, war das ädilizische Edikt
als Zusammenfassung der im Laufe der Zeit erlassenen Ein-
zeledikte eher eine Polizeiverordnung.

Es begann wahrscheinlich schon im 3. Jhdt. v.Chr. mit dem
Zugtieredikt, welches festlegte, daß das Geschirr, welches auf
dem Markt ausgestellte Zugtiere zur Anpreisung trugen, als
mitverkauft galt und Krankheiten und Fehler des Tieres beim
Verkauf mitgeteilt werden mußten. Verstieß der Verkäufer ge-

gen dieses Edikt, so stand dem Käufer eine Klage auf Rückgängigmachung des Kaufes („Wandelung") innerhalb von sechs Monaten oder auf Minderung des Kaufpreises innerhalb eines Jahres zu.

Bald auf das Zugtieredikt folgte ein Sklavenedikt, das nun schon etwas genauer folgende Sachverhalte regelte:

Beim Verkauf eines Sklaven auf dem Markt mußte der Verkäufer folgende Fehler unaufgefordert und so laut, daß Umstehende es hören konnten, mitteilen: (a) Krankheit, (b) körperliche Fehler, (c) wenn der Sklave ein Herumtreiber war, (d) wenn der Sklave schon einmal geflohen (und natürlich wieder eingefangen) war und (e) wenn er fremdes Eigentum verletzt und der Herr noch nicht den Schaden reguliert hatte. Die fünf ädilizischen Mängel umfaßten nicht alle denkbaren Fehler – so war es nicht mitteilungspflichtig, wenn ein Sklave Charakterfehler hatte, also z. B. diebisch oder dem Trunke oder dem Würfelspiel ergeben war. Abgesehen von diesen fünf Fehlern haftete der Verkäufer auch, wenn er dem Käufer bestimmte Eigenschaften eines Sklaven zugesichert hatte, die dieser nicht besaß – etwa daß der Sklave ein außergewöhnlich guter Koch sei oder noch nie etwas gestohlen habe. War der Sklave fehlerhaft oder fehlte ihm die zugesicherte Eigenschaft, so konnte der Käufer innerhalb von sechs Monaten nach Übergabe Wandelung des Kaufvertrages oder innerhalb eines Jahres Minderung des Kaufpreises verlangen.

In einer weiteren Stufe wurde die ursprünglich nur für Sklaven vorgesehene Zusicherungshaftung auch für Zugtiere eingeführt. So bestand nach einigen Jahrzehnten das ädilizische Edikt aus einer Ansammlung von Einzelregelungen, die insgesamt die Rechtsstellung des Käufers wesentlich verstärkten. Er konnte sein Recht vor den Ädilen suchen – nicht vor dem Prätor.

Wahrscheinlich erst im letzten Jhdt. v. Chr. erhielt das Ädilenedikt eine weitere Klausel, die den Fall regelte, daß der Verkäufer einen Mangel (Fehler oder Fehlen einer zugesicherten Eigenschaft) arglistig verschwieg. Grundsätzlich konnte der Käufer bei Arglist Schadensersatz mit der *actio empti* vor dem

Prätor einklagen; in diesem Verfahren gab es aber keinen Wandelungs- oder Minderungsanspruch. Die Ädilen stellten nun klar, daß sie auch bei Arglist die ädilizischen Klagen gewährten, so daß der Käufer nicht auf die ihm in ihren Rechtsfolgen nicht immer genehme *actio empti* angewiesen war.

Im Ergebnis erhielt der Käufer bei Fehler oder unzutreffender Zusicherung jedenfalls Wandelung oder Minderung, bei Arglist hatte er wahlweise die ädilizischen (Wandelung, Minderung) oder prätorischen Rechtsbehelfe (Schadensersatz) zur Verfügung. Man erkennt unschwer, daß das ädilizische Sachmängelrecht in die §§ 459, 462 und 463 BGB (bis 31. 12. 2001) eingegangen ist, wenn auch heute die Fehler nicht mehr auf fünf beschränkt sind und Mängel jeder beliebigen Kaufsache, nicht nur von Sklaven und Zugtieren, geltend gemacht werden können. Ein Erbe des römischen Rechtes war das Dogma des früheren deutschen Rechts, wonach ein Verkäufer „erfüllt" hatte, wenn er mangelhaft lieferte, weswegen er keinen Schadensersatz wegen Nichterfüllung (§ 325 BGB) zahlen mußte, sondern sich nur mit Wandelung oder Minderung einverstanden erklären mußte (§ 462 BGB) – der in § 463 BGB vorgesehene Schadensersatz wegen Nichterfüllung (bei Arglist) entsprach hingegen der auf Schadensersatz gerichteten *actio empti* und nicht den ädilizischen Rechtsbehelfen. Die seit 2002 überwundene dogmatische Trennung der Sachmängelansprüche (§§ 459 ff. BGB) von den Nichterfüllungsansprüchen (§ 325 BGB) ging letztlich darauf zurück, daß das römische Recht zwei verschiedene Rechtswege (Prätor oder Adil) hatte, die heute natürlich in der ordentlichen Gerichtsbarkeit vereinigt sind.

4. Die Schuldbegründung durch Briefvertrag

Spätestens mit dem Verbot der Fesselung des Vollstreckungsschuldners durch die *lex Poetelia* (326 v. Chr., S. 66) kam das Nexum außer Übung und die Stipulation wurde zur wichtigsten Form der Schuldbegründung. Sie war nur möglich, wenn sich Gläubiger und Schuldner am selben Ort befanden, denn sie verlangte Austausch der mündlichen Frage und Antwort (S. 26). Vielleicht schon im 3. Jhdt. v. Chr. schuf man eine schriftliche Form, die zur Schuldbegründung unter Abwesenden taugte. Der Schuldner trug in einem Brief dem Gläubiger die Begründung einer Geldforderung an und der Gläubiger trug seine Annahmeerklärung in ein sogenanntes „Hausbuch" (*codex accepti et expensi*, ein von jedem Hausvorstand geführtes Forderungs- und Schuldenverzeichnis) ein. Damit war eine Geldforderung wie durch Stipulation begründet, die durch Vorlage von Brief *(litterae)* und Eintragung *(expensilatio)* beweisbar war, der Briefvertrag („Litteralkontrakt"). Diese Form lebte bis ins 3. Jhdt. n. Chr.

5. Die Entwicklung im Erbrecht: Testamentsgesetze; prätorisches Erbrecht; Fideikommisse

In der Aufmerksamkeit der heutigen Bevölkerung spielt das Erbrecht nur eine geringe Rolle; Erbfälle werden emotional mit dem Versterben geliebter Personen verbunden und daher im täglichen Gespräch weitgehend tabuisiert. Daß ein Erbfall den Transfer von Vermögensmassen, die regelmäßig ein Vielfaches des Jahreseinkommens von Erblasser und Erben ausmachen, mit sich bringt, daß Erbfälle also ein Wirtschaftsfaktor ersten Ranges sind, ist oft nur dem Finanzamt bewußt. Die Römer sprachen offener über Todesfälle und Erbschaften. Gut ein Drittel der überlieferten Juristenschriften handelt vom Erbrecht – im heutigen Universitätsunterricht dürfte das Erbrecht weniger als 5 % des Studienplans ausmachen.

Die XII Tafeln hatten das Manzipationstestament (S. 51) zugelassen, welches ursprünglich nur für Vergabe von Einzelgegenständen (Vermächtnisse) taugte, bald aber die Übertragung des Gesamtvermögens durch Erbeinsetzung ermöglichte, so daß das alte Volksversammlungstestament außer Gebrauch kam. In der Nunkupation konnten nunmehr Erbeinsetzungen, Vermächtnisse, Freilassungen und Vormundbestellungen verfügt werden.

a) Freigebigkeit erhöhte den Sozialstatus eines Römers und wurde daher oft maßlos übertrieben. Schon gegen Ende des

3. Jhdts. v. Chr. schritt der Gesetzgeber energisch gegen die Verschwendung ein. Zunächst mit der *lex Cincia* (ca. 200 v. Chr.): Sie nahm noch unerfüllten Schenkungsversprechen unter Lebenden die Wirksamkeit, so daß sie nicht eingeklagt werden konnten, während einmal vollzogene Schenkungen nicht zurückgefordert werden konnten – noch heute ist ein Schenkungsversprechen nur bei notarieller Beurkundung wirksam, während die vollzogene Schenkung endgültig ist, § 518 BGB. Allerdings konnten die sogenannten *personae exceptae* („ausgenommene Personen") ein Schenkungsversprechen einklagen – dies waren die näheren Verwandten bis zum 6. Grade, d. h. bis einschließlich der Andergeschwisterkinder (*sobrini*, S. 50), sowie deren Gewaltunterworfene (Kinder, Enkel usw.).

Bald darauf wehrte eine *lex Furia* der testamentarischen Verschwendung, indem sie festlegte, daß kein Vermächtnis mehr als 1 000 As, eine schon damals geringe Summe, betragen durfte. Von diesem Verbot ausgenommen waren wiederum solche Vermächtnisempfänger, die *personae exceptae* waren, nämlich (wie nach der *lex Cincia*) die Verwandten bis zu den Andergeschwisterkindern und (anders als nach der *lex Cincia*) nur deren Kinder. Das törichte Gesetz hatte freilich nicht bedacht, daß ein Erblasser mit einem Vermögen von 100 000 As nicht daran gehindert war, 100 einzelne Vermächtnisse zu je 1 000 As auszusetzen, so daß der Erbe wieder nichts behalten konnte. Schon vernünftiger war die *lex Voconia* von 169 v. Chr.; sie beschränkte die Vergabe von Vermächtnissen auf insgesamt die Hälfte des Nachlasses, so daß dem eingesetzten Erben die andere Hälfte verblieb. Hatte der Erblasser versehentlich oder absichtlich zuviel ausgesetzt, so wurden die Vermächtnisse anteilsmäßig gekürzt. Eine zweite Vorschrift der *lex Voconia* leuchtet weniger ein: Sie verbot die Erbeinsetzung von Frauen. Ein Erblasser, der etwa nur eine einzige Tochter hatte, konnte natürlich auf die Errichtung eines Testamentes verzichten – dann erbte die Tochter ohne weiteres als gesetzliche Erbin. Wollte er aber irgendeine weitere Verfügung treffen, etwa einem Freund eine Summe von 10 As vermachen oder einen Sklaven freilassen oder (gerade in diesem Fall wichtig) für die

Tochter einen Vormund seines Vertrauens bestellen, damit nicht der nächste Agnat zum gesetzlichen Vormund wurde, so mußte er im Testament zuerst einen Erben bestellen, und gerade die Tochter konnte er nicht zur Erbin einsetzten. Da die *lex Voconia* Vermächtnisse bis zur Hälfte der Erbschaft erlaubt hatte, konnte der Erblasser der Tochter immerhin diesen Betrag zuwenden; um zu ermöglichen, daß sie nicht mehr, aber auch nicht weniger erhielt, entwickelten die Juristen einen genau für diesen Fall zugeschnittenen Vermächtnistyp, das Teilungsvermächtnis, welches mit der Formulierung „Mein Erbe soll mit meiner Tochter die Erbschaft teilen" *(heres meus hereditatem cum filia mea partito)* angeordnet werden konnte. Welche Beweggründe hinter dem Erbeinsetzungsverbot stand, ist nicht ganz deutlich – das Altertum nahm an, die *lex Voconia* habe die Konzentration allzu großer Vermögen in Frauenhand verhindern wollen; dann aber ist kaum zu erklären, warum das gesetzliche Erbrecht der Frauen unangetastet blieb. Möglicherweise ist die *ratio legis* im sakralen Bereich zu suchen: Der Erbe *(heres)* war für die Fortführung des Totenkultes verantwortlich, und die Handlungsfähigkeit von Frauen war in sakraler Hinsicht beschränkt. Erbte eine Frau gesetzlich, so übernahm ihr gesetzlicher Vormund – der nächste männliche Agnat – den Kult, so daß die Familienkontinuität gewahrt blieb; hätte man aber zugelassen, eine Frau im Testament zur Erbin einzusetzen, so hätte der Erblasser im selben Testament auch eine familienfremde Person zum Vormund der Erbin und damit zum Verantwortlichen für den Totenkult einsetzen können. Dies sollte verhindert werden. Die *lex Voconia* hatte die Fähigkeit von Frauen, gesetzlich zu erben, unangetastet gelassen; die Jurisprudenz schloß aber bald Frauen ab dem 3. Verwandtschaftsgrad (Tante, Nichte und weitere) nach dem „Gedanken des vokonischen Gesetzes" *(Voconiana ratione)* auch von der gesetzlichen Erbfolge aus (S. 51).

Wie immer man auch die Beweggründe des frauenfeindlichen *Erbeinsetzungs*verbotes erklären will – es galt noch in der Kaiserzeit bis gegen Ende des 1. Jhdts. n. Chr. Die vokonische *Vermächtnis*regelung aber wurde im Jahre 41 v. Chr.

durch die *lex Falcidia* abgelöst, wonach eine Erbschaft bis höchstens drei Viertel des Gesamtnachlasses mit Vermächtnissen belastet werden durfte – die „falzidische Quart" mußte dem Erben erhalten bleiben. Darüber hinausgehende Vermächtnisse wurden, wie schon zu Zeiten des vokonischen Gesetzes, verhältnismäßig gekürzt. Die einfache und leicht handzuhabende Regelung der *lex Falcidia* wurde im Mittelalter ins Gemeine Recht übernommen und blieb in Deutschland bis zum 31. 12. 1899 in Kraft.

b) Auch der Prätor sorgte in der späteren Republik für eine Weiterentwicklung des Erbrechts. Die XII Tafeln hatten nur den agnatischen Verwandten ein gesetzliches Erbrecht gegeben (S. 49). Kinder erbten nicht nach ihrer Mutter (vielmehr wurde diese von ihren Agnaten, also ihrem Bruder, ihrem Vatersbruder usw. beerbt); eine Ehefrau erbte nur, wenn sie in einer *manus*-Ehe verheiratet war (dann war sie *sua heres* ihres Mannes), und als die *manus*-Ehe außer Gebrauch gekommen war, gab es kein Erbrecht mehr zwischen Ehegatten. Schließlich: Emanzipierte Kinder (S. 48) waren aus dem Agnatenverband ausgeschieden und nicht erbberechtigt. Zunächst gab der Prätor wohl schon im 2. Jhdt. v. Chr. den emanzipierten Kindern das Recht, den Nachlaß ebenso zu erwerben, wie es ihren in der Gewalt gebliebenen Geschwistern zustand. Der Prätor konnte die Emanzipierten nicht zu „Erben" *(heredes)* machen; wer *heres* war, war durch das XII-Tafel-Gesetz endgültig festgelegt. Doch gab er ihnen auf ihren Antrag den „Besitz am Nachlaß ohne Testament" *(bonorum possessio ab intestato)*, so daß sie nach Ablauf der einjährigen Usukapionszeit auch nach dem Recht der römischen Bürger *heredes* werden konnten (die *usucapio pro herede* als Institut der XII Tafeln führte zur zivilen Erbenstellung, S. 54). Die emanzipierten Kinder und die *sui heredes* bildeten die Klasse der *liberi* („Kinder"). Wenn nach Ablauf eines Jahres nach dem Erbfall keines der Kinder den Nachlaßbesitz beantragt hatte, gab der Prätor den „gesetzlichen Erben" *(legitimi)* – also den *sui* und Agnaten nach XII-Tafel-Recht – eine 100tägige Antragsfrist; nach deren Ablauf den Blutsverwandten über die männliche *und* weibliche Linie *(cognati)* bis zum 6. Grad sowie den Kindern der Andergeschwisterkinder – der Kreis der *cognati* ist identisch mit dem Kreis der *personae exceptae* der alten *lex Furia* (S. 78). Schließlich, wenn auch die 100tägige Frist der *cognati* abgelaufen war, konnten Ehegatten die *bonorum possessio* nach ihrem verstorbenen Ehegatten beantragen. Diese vier prätorischen Klassen *(liberi, legitimi, cognati, vir et uxor)* überlagerten das gesetzliche Erbrecht der XII Tafeln *(ius civile)* und wurden vom Prätor (mit Ausnahmen) vorrangig bedient. Fristversäumung in einer Klasse schadete nichts, wenn man in einer nachfolgenden Klasse berufen war. Z.B. konnte ein emanzipierter Sohn die Erteilung des Nachlaßbesitzes in der Klasse der *liberi* beantragen; hatte er dies versäumt, so war er in der Klasse der *legitimi* ausgeschlossen, kam aber – wenn kein *legitimus* den Antrag stellte – wieder bei der *cognati* zum Zuge. Das prätorische gesetzliche Erbrecht blieb bis zur Herrschaft des Kaisers Justinian (527–565 n.Chr.) in Kraft; Justinian schuf ein modifiziertes Verwandtenerbrecht, welches mit manchen Änderungen auch im Laufe der Rezeption nach Deutschland gelangte, bis es 1900 durch das BGB abgelöst wurde.

c) Eine weiter Fortentwicklung des Erbrechts trat durch das Aufkommen der *Fideikommisse* ein. Das altzivile Recht kannte als Vermächtnisart nur Legate (S. 52). Diese waren zahlreichen Beschränkungen unterworfen, die sich daraus erklären, daß sie nur im Manzipationstestament ausgesetzt werden konnten, welches nur römischen Bürgern zugänglich war. Belastet und begünstigt werden konnten nur römische Bürger; die *leges Furia, Voconia* und *Falcidia* und die noch zu besprechende *lex Papia* (S. 102) ermöglichten nur die Vergabe von höchstens drei Vierteln der Erbschaft und nur an verheiratete Personen und solche mit Kinderrecht.

Daneben hatte schon lange eine formlose Vermächtnisart bestanden, nämlich die auch mündlich und außerhalb eines formellen Testaments ausgesprochene Bitte des Erblassers an den Erben, einem Dritten die Erbschaft auszufolgen. Der Erbe war nur durch die Sitte gehalten, das „der Treue Anvertraute" *(fideicommissum)* zu erfüllen; weigerte er sich, so konnte der

Fideikommissar („der durch ein Fideikommiß Begünstigte") dies nicht erzwingen. Von einem anschaulichen Fall berichtet Cicero (*de finibus* 2,17,55): Ein gewisser Q. Fadius Gallus konnte wegen der *lex Voconia* seine einzige Tochter Fadia nicht zur Erbin einsetzen; so bestimmte er eine Vertrauensperson, P. Sextilius Rufus, zum Erben und bat ihn, die gesamte Erbschaft der Fadia zu übertragen. Sextilius stritt frech ab, daß jemals diese Bitte an ihn gerichtet worden sei. Da ihm aber die Lüge auf die Stirn geschrieben war, trug er zusätzlich vor, er wolle dem vokonischen Gesetz, das ja eine Erbeinsetzung der Tochter verbot, auch nicht zuwiderhandeln. Wenigstens hätte er ja der Fadia die Hälfte geben können, denn diese Hälfte wäre ihr als Teilungsvermächtnis erlaubt gewesen; doch auch dies verweigerte er, und weil ein Fideikommiß nicht einklagbar war, konnte ihn niemand dazu zwingen.

Solange Fideikommisse keinen Rechtsschutz genossen, bestand ein wohlausgewogenes Gleichgewicht unter den Vermächtnisarten. Wollte ein Erblasser sicher gehen, daß der Vermächtnisnehmer das ihm Zugewandte erhielt, so mußte er die Form des Legats wählen und die gesetzlichen Beschränkungen einhalten; wollte er mehr, als ihm erlaubt war, vergeben – etwa die ganze Erbschaft ohne Einbehalt der falzidischen Quart, die Erbschaft an eine Frau oder etwa irgendetwas an einen Nichtbürger oder einen nach der *lex Papia* Erwerbsunfähigen (S. 102), so konnte er dies nur durch Fideikommiß tun, mußte sich aber auf die nicht erzwingbare Treue des Erben verlassen. So war der Erbe letztlich gegen übermäßige Belastungen geschützt.

Es war Augustus, der ungewollt dieses Gleichgewicht zerstörte, indem er selbst ohne Rücksicht auf eigene Interessen Fideikommisse zu erfüllen pflegte. Die edle Handlungsweise des Kaisers hatte unvorhergesehene Folgen: Man gewährte seit den letzten Regierungsjahren des Augustus Klagschutz für Fideikommisse, und alsbald wucherte diese Vermächtnisart infolge der rechtlichen Anerkennung. Jetzt konnte ein Erblasser Vermächtnisse auch über das falzidische Maß hinaus aussetzen, er konnte seinen gesamten Nachlaß Nichtbürgern, Frauen und Erwerbsunfähigen zuwenden. Die wohldurchdachten Beschränkungen des Rechtes der römischen Bürger waren nunmehr wirkungslos. Nicht wenige Erben zogen vor, die Erbschaft, die ihnen nichts mehr bot, auszuschlagen, womit wiederum die Fideikommisse unwirksam wurden. Der Gesetzgeber reagierte recht langsam; erst in der Mitte des 1. Jhdts. n. Chr. unterwarfen Senatsbeschlüsse die Fideikommisse auch den Erbeinsetzungs- und Legatsbeschränkungen des *ius civile* und stellten das Gleichgewicht wieder hier (S. 103). Aus dem Fideikommiß einer ganzen Erbschaft hat sich unsere heutige Nacherbschaft entwickelt.

6. Das Schadensersatzrecht der *lex Aquilia*

Die *lex Aquilia*, ein Plebiszit aus dem Jahre 286 v. Chr., regelte die Folgen von Sachbeschädigungen:

Qui servum servamve alienam alienamve quadrupedemve pecudem iniuria occiderit, quanti ea res in eo anno plurimi fuit, tantum aes ero dare damnas esto.	Wer einen fremden Sklaven oder eine fremde Sklavin oder ein vierfüßiges Herdentier widerrechtlich getötet hat, soll dem Eigentümer soviel Kupfer zahlen, wieviel die Sache in diesem Jahr am meisten wert war.
Ceterarum rerum praeter homines vel pecudes occisos, si iniuria usserit fregerit ruperit, quanti ea res fuerit in diebus triginta proximis, tantum aes ero dare damnas esto.	Außer der Tötung von Sklaven und Herdenvieh, wer widerrechtlich gebrannt, zerbrochen oder verletzt hat, soll dem Eigentümer soviel Kupfer zahlen, wieviel die Sache in den nächsten 30 Tagen wert sein wird.

Das Gesetz belegte zunächst die Tötung von Sklaven und Großvieh mit Schadensersatz und regelte sodann bestimmte Verletzungsarten sowohl an den Sachen des ersten Gesetzesabschnittes als auch an beliebigen anderen Sachen; daß nach dem ersten Abschnitt der Wert aus der Vergangenheit bestimmt wurde, im folgenden hingegen aus den nächsten 30 Tagen, erklärt sich daraus, daß erst einmal abgewartet werden mußte, wie sich der Schaden nach der Verletzung entwickelte. In Abweichung vom XII-Tafel-Recht (S. 55) wurden Sklaven jetzt als Sachen behandelt. Aus der *lex Aquilia* hat sich § 823 BGB entwickelt.

7. Das öffentliche Strafrecht der Republik

Seit dem 2. Jhdt. v. Chr. setzte der Senat in Einzelfällen außerordentliche Schwurgerichte *(quaestiones extraordinariae)* zur Aburteilung von Staatsverbrechen ein. Neben diese traten seit der 2. Hälfte des 2. Jhdts. v. Chr. ständige Schwurgerichte *(quaestiones perpetuae)*, denen Kompetenzen für einzelne Straftaten zugewiesen waren. Der Kreis der „öffentlichen" Straftaten vergrößerte sich; auch für Mord, Testaments- und Münzfälschung und Gewaltverbrechen übernahm der Staat den Strafanspruch, so daß Privatklagen und Privatvollstrekkungen seltener wurden. Die Anklage wurde freilich nicht von einem Staatsanwalt erhoben; im Gegensatz zum Privatklageverfahren war bei öffentlichen Straftaten jedermann zur Anklage befugt (Popularklage), nicht nur der Verletzte. Die Vollstreckung übernahm der Staat. Im 1. Jhdt. v. Chr. scheint keine Todesstrafe aufgrund eines Geschworenengerichtsurteils vollstreckt worden zu sein, vielmehr gab man dem Angeklagten regelmäßig die Gelegenheit zur Flucht. Freilich wurden meist auch nur die Angehörigen der Oberschicht *(honestiores)* von den Schwurgerichten abgeurteilt; die niederen Stände *(humiliores)* kamen regelmäßig vor das Polizeigericht der „Dreimänner für Kapitalverbrechen" *(tresviri capitales)* und wurden, falls verurteilt, auch hingerichtet.

IV. Die klassische Zeit des römischen Rechts

1. Die Verfassung des Prinzipats

Nach dem Tode Caesars (15. 3. 44 v. Chr.) errang sein Adoptiv-sohn Octavianus in jahrelangen Bürgerkriegen die Alleinherr-schaft. Die Schlacht bei Actium (31) entschied über das Schick-sal des Reiches. Octavian war Konsul und seit 36 mit dem tribunizischen Recht der Unverletzlichkeit ausgestattet wor-den. Am 13. 1. 27 v. Chr. gab er alle außerordentlichen Gewal-ten an Senat und Volk von Rom zurück; die Republik schien wiederhergestellt. Der – von Octavian vorausgesehene – Wi-derspruch des Senats gegen seine Abdankung führte indes da-zu, daß Octavian sich mit einem allgemeinen Imperium, das ihm den Oberbefehl über alle Streitkräfte gewährte, zufrieden gab; der Senat verlieh ihm den sakralen Ehrentitel *Augustus* („der Erhabene", eigentlich „der mit magischer Kraft Verse-hene", verwandt mit *augur*, S. 11 f.), den Octavian fortan wie einen Namen führte. Bald darauf erhielt er die Volkstribunen-gewalt auf Lebenszeit und ein ebenso lebenslängliches Imperi-um „an Stelle eines Konsuls" *(imperium proconsulare maius)*, seit 19 v. Chr. konsularisches Imperium.

Damit waren die republikanischen Ämter entwertet. Au-gustus führte den Staat als *princeps civium* „Erster der Bür-ger", ohne ein ordentliches Amt in Anspruch zu nehmen (nur bis 23 v. Chr. war er noch Konsul); das „Amt" des Prinzeps war nicht durch die Verfassung vorgegeben, bedeutete tatsächlich aber die Alleinherrschaft. Stets stellte Augustus sich als gewöhn-lichen Bürger dar, der den Staat nur durch seine persönliche Autorität führte; es gab aber keinen Widerstand gegen seine Machtsprüche. Wir nennen diese als Republik getarnte Ver-fassungsform den „Prinzipat". Die Nachfolgekaiser beließen es bis zum Ende des 3. Jhdts. bei diesem Verfassungszustand. Nur einmal, nach dem Tode Domitians (96 n. Chr.), schien die Re-publik wiederhergestellt werden zu können; der angesehene und schon recht alte Nerva wurde zum Kaiser ausgerufen, und man hoffte nach einer gewissen Übergangszeit auf die Rück-

kehr zur Republik. Doch Senat und Volk hatten in den zurück-
liegenden 100 Jahren ihre Fähigkeit zur politischen Selbstbe-
stimmung verloren, und auf Nerva folgte (98) der machtvolle
General Trajan, unter dessen und seiner Nachfolger Herrschaft
der Prinzipat endgültig gefestigt wurde.

Die republikanischen Ämter blieben weiter bestehen. Konsul
wurde zu einem reinen Ehrentitel für verdiente Beamte, und
um möglichst viele in den Genuß dieser Auszeichnung ge-
langen zu lassen, wurden in jedem Jahr mehrere Konsulpaare
ernannt, manchmal im Zweimonatsrhythmus. Die Konsuln
übernahmen freilich auch Funktionen der Gerichtsbarkeit,
die im übrigen weiterhin in der Hand der Prätoren blieb. Die
Ädilen behielten die Marktpolizei und -gerichtsbarkeit, die
Verwaltung der Staatskasse wurde den Quästoren entzogen
und kaiserlichen Beamten übertragen. Im übrigen hatte schon
Augustus seine Privatkasse *(fiscus)* zur Bestreitung öffentlicher
Aufgaben eingesetzt und auch damit seine Macht gemehrt;
die republikanische Staatskasse *(aerarium)* verlor damit an
Bedeutung. Die Ausdehnung des Reiches und die immer größere Zentralisierung der Macht brachte zahlreiche neue Beam-
tenstellen hervor, so daß das Reich am Ende des 1. Jhdts.
n. Chr. ein gut durchorganisierter Verwaltungsstaat geworden
war.

Der Senat verlor seine politischen Befugnisse an den Prinzeps. Nur in der Verwaltung der Provinzen behielt er eine formelle Zuständigkeit: Im Jahre 27 v. Chr. waren die Provinzen in
senatorische und kaiserliche aufgeteilt worden; für erstere entsandte der Senat Prokonsuln, in letztere entsandte der Kaiser
Statthalter „an Stelle eines Prätors" *(legati Augusti pro prae-
tore)*, da er sie selbst „an Stelle eines Konsuls" *(proconsul)*
verwaltete. Da freilich das Militär nur in den kaiserlichen Provinzen stand und sich im Laufe der Jahre die Zahl der kaiserlichen Provinzen vermehrte, stärkte auch diese Aufteilung der
Provinzen die Macht des Kaisers.

Andererseits übernahm der Senat allmählich die Funktion
eines Gesetzgebers. In der Republik hatte ein Senatsbeschluß
(senatus consultum) nur die Bedeutung einer unverbindlichen

Empfehlung gehabt, der man aber um so eher folgte, als der Senat hohe Autorität genoß. So war es auch im 1. Jhdt. der Kaiserzeit; es kam nun die Autorität der Kaiser hinzu, von welchen häufig die Anregung zu Senatsbeschlüssen ausging. Im 2. Jhdt. n. Chr. war es unter den Juristen schon ausgemacht, daß ein Senatsbeschluß gesetzesgleiche Kraft hatte. Volksversammlungen wurden im 1. Jhdt. n. Chr. noch durchgeführt, verloren aber ihre gesetzgeberischen Kompetenzen bald an den Senat.

2. Die klassische Rechtswissenschaft

Mit dem Ende der Republik war das römische Recht im wesentlichen durchgebildet. Sein Kernbereich war durch die XII Tafeln, einige Gesetze und die Interpretation der Juristen geschaffen worden – das *ius civile* („Recht der römischen Bürger"), welches weiterhin nur für römische Bürger galt (S. 12). Daneben hatte die prätorische Amtsmacht ein *ius praetorium* („prätorisches Recht") geschaffen, welches das *ius civile* in zahlreichen Bereichen überlagerte. *Aequitate motus* („aus Billigkeitserwägungen") gewährte der Prätor Rechtsschutz für Bürger und Nichtbürger dort, wo die Starrheit und die Unvollkommenheit des *ius civile* offenbar wurden; er wurde tätig, um das *ius civile* zu unterstützen, zu ergänzen und sogar zu korrigieren (*Digesta* 1,1,7,1); in freier Entscheidung zog er Rechtsinstitute und Regeln des „Rechtes, das unter allen Völkern gilt" (*ius gentium* – nicht „Völkerrecht" im heutigen Sinne, sondern „internationales materielles Recht" wie heute z.B. das internationale Kaufrecht nach der Wiener UN-Konvention von 1980) heran – so wurden etwa die Regeln des Darlehens, des Kaufes, der Miete als dem *ius gentium* zugehörig angesehen, während Manzipation oder Stipulation nur dem Recht der römischen Bürger angehörten. So kann man sagen, daß das römische Recht zur Zeit Ciceros ein fertiges Gebilde war, welches aber in vielen Einzelheiten präzisiert und weiter entwickelt werden mußte. Diese Aufgabe übernahm die Rechtswissenschaft der Kaiserzeit.

a) Wir bezeichnen die Zeit von etwa 50 v. Chr. bis etwa 230 n. Chr. als „Klassik". Sie ist geprägt durch die Vorherrschaft der Einzelpersönlichkeiten der Jurisprudenz. In der Republik war das römische Recht durch Gesetze, Amtsrecht (Prätor) und einzelne Interpretationen der Juristen fortgebildet worden; in der Kaiserzeit wurden Volksgesetze, die es formell weiter gab, überaus selten (das letzte datierbare von einer Volksversammlung beschlossene Gesetz war wahrscheinlich die *lex Cocceia* unter Nerva, 96–98 n. Chr.), und an ihre Stelle traten vom Kaiser angeregte *Senatsbeschlüsse* (S. 87), Einzelbescheide der Kaiser auf konkrete Rechtsanfragen *(Reskripte)*, die verallgemeinert wurden, sowie kaiserliche Verordnungen und Rechtsetzungen *(Konstitutionen)*, die vor allem ab dem 3. Jhdt. n. Chr. in der Gesetzgebung vorherrschten.

Rechtsgutachten angesehener Juristen hatten von jeher eine gewisse Autorität besessen, ohne freilich verbindlich zu sein; doch widersetzte man sich einer Ansicht eines Q. Mucius Scaevola, eines Servius Sulpicius Rufus oder eines M. Antistius Labeo nicht so ohne weiteres. Augustus erteilte einzelnen hervorragenden Juristen das Recht, mit kaiserlicher Autorität *(ex auctoritate principis)* öffentliche Gutachten zu erteilen *(ius publice respondendi)* – das bedeutete nichts weniger, als ihren Rechtsgutachten nahezu Gesetzeskraft zu verleihen. Die Kaiser führten die Praxis, einzelnen Juristen das *ius respondendi* zu erteilen, fort, und so bildete sich die Klasse der „Respondierjuristen", deren Schriftwerke Quellen geltenden Rechtes waren. Wer im einzelnen dieses Recht hatte, wissen wir oft nicht; wir dürfen aber annehmen, daß die meisten der in den Digesten zitierten klassischen Juristen zu dieser Klasse gehörten. Hieraus erklärt sich der eigentümliche Umstand, daß die Rechtsquellen auch des Gemeinen Rechts zum größeren Teil aus den privaten (!) Werken von Juristen bestehen, die in die justinianische Sammlung der *Digesten* (S. 112) aufgenommen worden sind.

Die Digesten vereinigten die Schriften von etwa 40 klassischen und nachklassischen Juristen; aus anderen Quellen sind uns etwa weitere 40 Juristen bekannt. Zu nennen sind: M. Antistius *Labeo* und C. Ateius *Capito* lebten zur Zeit des Augustus;

Masurius *Sabinus* unter Tiberius; C. *Cassius* Longinus (der Urenkel des Cäsarmörders Cassius) und *Proculus* in der Mitte des
1. Jhdts. n. Chr.; L. *Iavolenus* Priscus und L. *Neratius* Priscus
unter Trajan; Iuventius *Celsus*, Salvius *Iulianus* und Sex. *Pomponius* im 2. Jhdt.; jener *Gaius* (S. 16), über dessen Leben
wir nichts Näheres wissen, schrieb seine *Institutionen* um
160 n. Chr.; Q. *Cervidius Scaevola* (nicht zu verwechseln mit
dem Republikaner Q. *Mucius Scaevola*) war in der 2. Hälfte
des 2. Jhdts. n. Chr. Lehrer des Aemilius *Papinianus* und des
Iulius *Paulus*, Papinian wiederum der Lehrer von Domitius
Ulpianus; diese Juristen wirkten am Anfang des 3. Jhdts.
n. Chr.; die Reihe der großen klassischen Juristen endete mit
Herennius *Modestinus* (um 240).

Sie alle (mit Ausnahme des Gaius) bekleideten hohe und
höchste Ämter in der kaiserlichen Verwaltung und Regierung
als Provinzgouverneure *(legatus Augusti)*, Leiter der kaiserlichen Reskriptenkanzlei *(procurator a libellis)* und Prätoria-
nerpräfekt *(praefectus praetorio)*; sie hinterließen bedeutende
Schriften, aus denen die Späteren schöpften. Im 1. Jhdt. gab es
zwei „Rechtsschulen", Vereinigungen von Rechtslehrern, die
ähnliche Meinungen vertraten. Die Sabinianer, an deren Spitze
Sabinus und Cassius standen, scheinen eher für stoisches Ge-
dankengut empfänglich gewesen zu sein, während die Proku-
lianer (Labeo, Proculus) jedenfalls in der Auslegungslehre die
probabilistische Methode der skeptischen Akademie (S. 59)
vorzogen. Doch unterschieden sich die Schulen hauptsächlich
in Einzelfragen, nicht grundsätzlich, und im 2. Jhdt. ver-
schwanden die Schulengegensätze einigermaßen.

Die Schriften der Klassiker lassen sich in mehrere Gruppen
einteilen: „Institutionen" (etwa des Gaius) waren Einführungs-
schriften für Jurastudenten („Grundkurse"); „Regeln", „Sen-
tenzen", „Definitionen" (etwa die *regulae* des Neraz, die *sententiae* des Paulus, die *definitiones* des Papinian) waren kurz-
gefaßte Darstellungen höheren Abstraktionsgrades ohne all-
zuviel Beispiele („Grundrisse"); Kommentare „zum *Ius civile*
des Sabinus" (die *libri ad Sabinum* des Pomponius, des Ulpian,
des Paulus) waren breit angelegte Erläuterungsschriften zum

nur teilweise erhaltenen Werk des Sabinus über das Recht der römischen Bürger, welches ein knapper und äußerst prägnanter Grundriß gewesen war; Kommentare zum prätorischen Edikt (des Gaius, des Ulpian, des Paulus) waren ebenso breite Erläuterungen – die *libri ad edictum* des Ulpian umfaßten 83 Bücher zu je ca. 1500 bis 1800 Zeilen, was etwa 3000 Seiten des vorliegenden Buches entspricht. Einen lebendigen Einblick in die Vielzahl der zu entscheidenden Rechtsfälle geben die Schriften der sogenannten „Problemata-Literatur", in welchen komplizierte Fälle der Praxis und des akademischen Unterrichts behandelt werden; so gibt es *digesta* („Geordnete Fälle") des Celsus, Julian und Scaevola, *responsa* („Gutachten") des Scaevola, Papinian und Modestin, *quaestiones* („Rechtsfragen") des Papinian und Paulus, *disputationes* („Diskussionen") des Ulpian und manche andere. Schließlich schrieben die Juristen Handbücher des Verwaltungsrechts (z.B. *de officio proconsulis* „Über die Amtsführung des Prokonsuls" des Ulpian) und Monographien (z.B. *de stipulationibus* „Über Stipulationen" des Pomponius, *ad legem Falcidiam* „Zum falzidischen Gesetz" des Paulus). Ob jener Tertullianus, der *de castrensi peculio* „Über das Sondergut des Soldaten" verfaßte, mit dem rechtsgelehrten Kirchenvater Tertullian, dessen Vater Offizier der römischen Armee war, identisch war, ist umstritten.

Die reiche Literatur der Klassik ist nur zu einem Bruchteil erhalten, da sie im Filter der justinianischen Kompilation zu 95 % vernichtet worden ist (S. 111); nur wenige Texte sind original überliefert worden (S. 115). Dennoch bietet die Überlieferung ein lebendiges Bild des römischen Rechtslebens.

b) Das klassische römische Recht war vom *Aktionenverfahren* geprägt (S. 67). Ein moderner Jurist ist gewöhnt, gesetzliche Bestimmungen des materiellen Rechtes auszulegen; so beantwortet sich die Frage nach der Rückgabepflicht eines Hausmieters durch einen Blick auf § 546 Abs. 1 BGB („Der Mieter ist verpflichtet, die Mietsache nach Beendigung des Mietverhältnisses zurückzugeben."), wobei im Einzelfall zu untersuchen ist, ob ein Mietvertrag vorliegt (hierzu: §§ 145–157, 535 BGB) und ob das Mietverhältnis beendet ist (hierzu:

§§ 542–545 BGB). Kann der Mieter des Hauses seine Rückgabepflicht nicht erfüllen, weil das Haus abgebrannt ist, so
haftet er auf Schadensersatz, wenn er den Brand verschuldet
hat (§§ 280 Abs. 1, 276 BGB), er wird aber von der Schadens-
ersatzpflicht frei (d.h. er muß nur das Grundstück mit der
Ruine zurückgeben), wenn er den Brand nicht verschuldet hat
(§§ 280 Abs. 1 S. 2, 276 BGB).

Der römische Jurist indessen orientierte sich am Wortlaut
der im prätorischen Edikt festgelegten Klagformel (S. 67), und
die oben gestellte Frage wurde durch die Vermieterklage *(actio
locati)* beantwortet:

Quod Aulus Agerius Numerio Negidio fundum quo de agitur locavit qua de re agitur, quidquid ob eam rem Numerium Negidium Aulo Agere dare facere oportet ex fide bona, eius iudex Numerium Negidium Aulo Agerio condemnato, si non paret absolvito.	Was das betrifft, daß A.A. dem N.N. ein Grundstück, um das es geht, vermietet hat, worum es geht, was auch immer deswegen N.N. dem A.A. zu geben und zu tun verpflichtet ist nach Treu und Glauben, dazu soll der Richter den N.N. zu Gunsten des A.A. verurteilen, wenn es sich nicht erweist, soll er ihn freisprechen.

Ob ein Mietvertrag vorlag, wurde durch Auslegung des *quod
… locavit* festgestellt; ob das gemietete Grundstück (zu dem
der Wohnraum gehörte) zurückzugeben war, ergab sich aus der
Interpretation des *quidquid … ex fide bona*. Was aber, wenn
das gemietete Haus abgebrannt war? Die Haftung des Mieters
für diesen Fall hing von der Auslegung der *bona fides* („Treu
und Glauben") ab, und in schwierigen Fällen mußte der Richter in einem Ediktskommentar Rat suchen. Für unseren Fall
schrieb Ulpian im 32. Buch seines Ediktskommentars:

Digesta 19,2,11,1: Wenn beim Abschluß des Mietvertrages vereinbart
war: „Feuer zu unterhalten ist nicht erlaubt!", und er unterhielt ein
Feuer, so wird er auch haften, wenn der Brand ohne sein Verschulden
geschehen ist, weil er überhaupt kein Feuer unterhalten durfte. Etwas
anderes ist es, ein ungefährliches Feuer zu unterhalten; in diesem Fall
erlaubt der Vermieter, ein ungefährliches Feuer zu unterhalten.

Es kam also auf die Vertragsvereinbarung an; war die Feuer-unterhaltung überhaupt verboten, so haftete der Mieter auch ohne Verschulden auf Schadensersatz; war aber die übliche Unterhaltung eines Feuers zum Kochen und Heizen gestattet, was wir für den Normalfall annehmen dürfen, so haftete der Mieter nur bei Verschulden.

Diese Methode, sich an der Klagformel zu orientieren, bezeichnen wir als „aktionenrechtliches Denken" des römischen Rechts.

c) Die klassische Rechtswissenschaft befaßte sich im wesentlichen mit dem Privatrecht; ihr Gegenstand waren die Rechtsbeziehungen autonomer Menschen, die frei von staatlicher Gewalt ihre Verhältnisse selbst ordnen. Damit hat das klassische Recht eine von den jeweiligen Staatsverfassungen unabhängige Rechtsordnung geschaffen; man kann sogar sagen, daß die klassische Rechtswissenschaft die grundlegenden Beziehungen der menschlichen Gemeinschaft untersucht und allgemeingültige Lösungen für ihre Probleme gefunden hat. So wurde das klassische Privatrecht zur Grundlage fast aller modernen Privatrechtsordnungen.

3. Die Weiterentwicklung des Vertragsrechts: Innominatkontrakt; Einrede der Nichtauszahlung

a) Im Vertragsrecht kannte das römische Recht nur Aktionen für 12 spezifische Verträge, die schulmäßig in vier Gruppen unterteilt wurden: (1) Realverträge, die erst durch ihren Vollzug wirksam wurden: *Darlehen, Leihe, Verwahrung, Verpfändung;* (2) Verbalverträge, die für ihre Wirksamkeit den Gebrauch bestimmter Worte verlangten: *Stipulation, Mitgiftzusage, Arbeitsversprechen* von Freigelassenen; (3) der Litteralvertrag, der Schriftform verlangte (*Briefvertrag*, S. 76); (4) Konsensualverträge, die durch zwei auf dasselbe gerichtete Willenserklärungen ohne weitere Formalitäten wirksam wurden: *Kauf, Verdingung* (worunter die heutigen Typen Miete, Pacht, Dienstvertrag und Werkvertrag fielen), *Auftrag* und *Gesellschaft.* Andere Verträge, wie der Tausch, waren nicht klagbar. Dieser

Numerus clausus der Vertragstypen beeinträchtigte die wirtschaftliche Praxis freilich nicht besonders – wer seinen Esel gegen ein Pferd eintauschen wollte, konnte jederzeit seinen Anspruch auf Lieferung des Pferdes in einer Stipulation vereinbaren, welche natürlich klagbar war. Doch gab es Fälle, in welchen ein Tausch ohne Stipulation vereinbart war, und es wurde diskutiert, welche Klagemöglichkeiten ein Tauschpartner hatte, dessen Vertragspartner die Erfüllung verweigerte. Hatte noch keiner der beiden Partner geleistet, so war Erfüllung jedenfalls nicht erzwingbar. Hatte aber z.B. der Eigentümer des Esels seinen Esel schon hingegeben, so konnte er grundsätzlich nur Rückgabe des rechtsgrundlos (weil der Tausch ja nicht vom Prätor als verbindlich anerkannt war) geleisteten Esels verlangen; einzelne Juristen gaben aber dem Vorleistenden eine „auf den Sachverhalt zugeschnittene Klage" *(actio in factum)* auf den Wert der Gegenleistung (des Pferdes), und diese Rechtsauffassung setzte sich allmählich durch; gegen Ende des 2. Jhdts. n. Chr. war es ausgemacht, daß der Prätor in solchen Fällen, allerdings nur nach Vorleistung, eine Klage auf Schadensersatz statt Leistung (oder wahlweise auf Rückgabe) gewährte. So entschied Paulus:

> *Digesta* 19,5,5,1: Wenn ich dir aber eine Sache gebe, um eine Sache zu erhalten, so entsteht zweifellos, weil der Sachtausch nach herrschender Meinung kein Kauf ist, eine Verpflichtung nach dem Recht der römischen Bürger, bei der nicht auf Rückgabe des von dir Erlangten geklagt wird, sondern auf den Wert, den die Erfüllung der Vereinbarung für mich hat [also auf den Wert der Gegenleistung, die du mir schuldest, vgl. §§ 480, 283 BGB]; will ich aber meine Sache zurückerhalten, so wird das Gegebene zurückverlangt, so als ob der durch die Hingabe meiner Sache bezweckte Erfolg nicht eingetreten wäre [vgl. § 812 Abs. 1 S. 2, 2. Alt. BGB].

Ähnlich stand es mit folgendem Vertrag: Der Schuldner hatte vom Gläubiger ein Darlehen erbeten, der Gläubiger gab ihm aber kein Bargeld, sondern eine Wertsache; der Schuldner sollte diese veräußern und den erzielten Erlös als Darlehen schulden. Gelang es dem Schuldner, die Sache zu veräußern, so lehnte noch Afrikan (um 160 n. Chr.) die Darlehensklage ab, denn nach geltendem Recht (vgl. Gaius, *institutiones* 3,90) war ein Darlehensvertrag nur dann abgeschlossen, wenn der Darlehensgeber dem Darlehensnehmer *eigenes* Geld übereignet hatte (sonst kam nur ein Auftragsvertrag in Frage, vgl. § 667 BGB):

> *Digesta* 17,1,34 pr.: Wenn derjenige, der Geld darleihen wollte, statt dessen Silber zum Verkauf gegeben hat, klagt er keinesfalls richtig aus einem Darlehensvertrag.

Ulpian hingegen, 50 Jahre später, gewährte nach erfolgter Veräußerung den Darlehensanspruch:

> *Digesta* 12,1,11 pr.: Du hast mich um ein Gelddarlehen gebeten; da ich kein Geld hatte, gab ich dir eine Schale oder einen Goldklumpen, daß du es verkaufen und das Geld gebrauchen solltest. Wenn du es verkauft hast, so ist nach meiner Meinung ein Darlehensvertrag zustande gekommen.

War die Veräußerung aber nicht erfolgt, so war nach Ulpian ein nicht im *Numerus clausus* der 12 Vertragstypen enthaltener Vertrag zustandegekommen, der mit einer besonderen Klagformel eingeklagt werden konnte:

> *Digesta* 19,5,19 pr.: Du hast mich um ein Gelddarlehen gebeten; da ich kein Geld hatte, gab ich dir eine Sache zum Verkauf, daß du den Erlös gebrauchen solltest. Wenn du sie gar nicht verkauft hast oder zwar verkauft, aber das als Darlehen vorgesehene Geld nicht erhalten hast, so ist es sicherer, mit vorgeschalteten Formelworten zu klagen, als ob wir ein Geschäft eines eigenen Vertragstyps untereinander abgeschlossen hätten.

Auch hier stand am Ende der Entwicklung eine auf den Sachverhalt zugeschnittene Klage auf Zahlung des Erlöses. Solche Vertragstypen, die keine eigene Bezeichnung (wie „Kauf" usw.) hatten, nannte man seit dem Mittelalter *Innominatverträge* („unbezeichnete Verträge"), und sie ergänzten den *Numerus clausus* der 12 Vertragstypen in fruchtbarer Weise; der in *Digesta* 12,1,11 pr. beschriebene Vertragstyp wurde im Mittelalter mit einem aus dem arabischen Spanien stammenden Wort *contractus mohatrae* („Zinsvertrag", aus dem arabischen Wort *muḥāṭarā* „Risiko") genannt.

b) Die Stipulation (S. 26) gehört wie die Manzipation zu den „Leitfossilien" des römischen Rechts. Zahlreiche Urkunden aus klassischer Zeit zeigen, daß römische Gläubiger ihre Forderungen – auf den Kaufpreis, auf Rückzahlung eines Darlehens, auf Arbeitslohn – meist stipulierten. Der Vorteil, der darin liegt, eine Kaufpreisforderung auch noch zu stipulieren, ist gering (in manchen Situationen hatte der Gläubiger Beweisvorteile); so mag die Vorliebe der Römer für die Stipulation ein Relikt aus archaischer Zeit sein, als die Legisaktionen das Einklagen von Kaufpreisforderungen nicht zuließen, so daß es erforderlich war, diese zu stipulieren (S. 65).

Ein eigentümliches Schicksal erfuhr die Beurkundung von Darlehensforderungen. Es war üblich, die Auszahlung von Darlehen und die Stipulation des Rückzahlungsanspruches zu Beweiszwecken schriftlich zu beurkunden. Beurkundung fand auch statt, wenn ein Darlehen zum Teil nicht ausgezahlt war – wenn etwa ein Disagio zu 4 % vereinbart war, wurden 96 % ausgezahlt und die Rückzahlungsverpflichtung zu 100 % stipuliert und beurkundet. Dann war die Urkunde unrichtig, und eigentlich schuldete der Darlehensnehmer nur die Rückzahlung des tatsächlich ausgezahlten Geldes; aber die Urkunde bewies die Auszahlung von 100 %, und der Schuldner, der sich darauf berief, daß nicht die ganze Summe ausgezahlt worden war, würde den Prozeß verlieren. Gegen Ende des 2. Jhdts. n. Chr. verordneten die Kaiser, daß ein Schuldner, der sich auf Nichtauszahlung der Darlehenssumme berief, Gehör fand, ohne den tatsächlich nicht beweisbaren Nichtempfang des Geldes beweisen zu müssen – nun mußte der Gläubiger die Auszahlung der Darlehenssumme beweisen, wobei er gerade die Stipulationsurkunde nicht verwenden durfte. Die Urkunde über eine Auszahlung und Stipulation einer Darlehenssumme war damit entwertet. Allerdings war die „Einrede der Nichtauszahlung" nur 1 Jahr (später 5 Jahre, seit Justinian 2 Jahre) statthaft – nach Ablauf der Frist war es dem Schuldner überhaupt verwehrt, die Nichtauszahlung zu behaupten oder zu beweisen. Eine Konstitution des Jahres 228 bestimmte:

Codex 4,30,8: Wenn derjenige, der die Schuldurkunde ausgestellt hat, innerhalb des gesetzlichen Zeitraums die Einrede noch nicht erhoben hat und verstorben ist, so kommt seinem Erben die verbleibende Zeit gegenüber dem Gläubiger und dessen Erben zugute. Hat der Erblasser die Einrede aber schon erhoben, so kann der Erbe sich auch gegen die Erben des Gläubigers für immer auf die Einrede berufen. Wenn aber der gesetzliche Zeitraum überschritten ist, ohne daß dem Gläubiger gegenüber die Einrede erhoben worden ist, so muß der Erbe des Schuldners, auch wenn er noch unmündig ist, in jedem Fall die Schuld bezahlen.

Damit wandelte sich eine Schuldurkunde von einer anfangs wertlosen Beweisurkunde zu einer nach Fristablauf unwiderleglichen konstitutiven Urkunde. Das Institut der *exceptio non numeratae pecuniae* („Einrede der Nichtauszahlung") und ihre Ausschlußfrist wurden ins Gemeine Recht übernommen, endgültig erst durch Art. 17 des Einführungsgesetzes zur Civilprozeßordnung von 1877 abgeschafft. Das Oberlandesgericht Karlsruhe hat vor einiger Zeit (Monatsschrift für Deutsches Recht 1978 S. 56) den Beweis, eine beurkundete Darlehensauszahlung habe gar nicht stattgefunden, nach Ablauf mehrerer Jahre nach Auszahlung nicht mehr zugelassen und damit die Unwiderleglichkeit der Quittungsurkunde nach Fristablauf wieder eingeführt.

c) In die Zeit des klassischen Rechts fällt auch die Entwicklung mancher Prinzipien des heutigen Schuldrechts: die Erkenntnis, daß Verträge unabhängig von ihrer äußeren Form die innere Willensübereinstimmung der Parteien verlangen (Konsensualprinzip); die Unterscheidung der Nebenbestimmungen von Verträgen in Bedingungen und Befristungen (erstere lassen die Wirksamkeit eines Vertrages vom Eintritt eines zukünftigen ungewissen Ereignisses abhängen: „wenn es morgen regnet", letztere vom Eintritt eines zukünftigen gewissen Ereignisses: „wenn es zum nächsten Mal regnet", „wenn ich sterbe", „am 17. Mai"); schließlich die Analyse von Vertragsstörungen wie Unmöglichkeit der Leistung, Verzug, Schlechtlieferung.

4. Kausale oder abstrakte *traditio*?

Manzipation und Tradition wurden weiterhin unterschieden. Im klassischen römischen Recht hatte sich ein eigentümlicher Zwiespalt herausgebildet. Die Übereignung einer *res mancipi* war stets dann wirksam, wenn die rechte Form der Manzipation (S. 20) eingehalten war, ohne daß es darauf ankam, ob ein Kausalgeschäft wirksam war oder überhaupt nur vorlag. Die Übereignung einer *res nec mancipi* war formlos wirksam, aber nur dann, wenn ein wirksames Kausalgeschäft (Kauf, Tausch, Schenkung, Mitgiftversprechen o. ä.) vorlag. Die Manzipation war „abstrakt", die Tradition „kausal". Nach dem Absterben der Manzipation und ihrer auch offiziellen Abschaffung (S. 98) konnten *res mancipi* nur durch *traditio* übereignet werden; jetzt war auch ihre Übereignung kausal.

Eine berühmte Kontroverse zweier klassischer Juristen über die Wirksamkeit einer Tradition betraf das Kernproblem. A wollte B etwas schenken, B nahm es an im Glauben, es sei als Darlehen gewährt. Hat B Eigentum erworben? Das klassische Recht hielt eine *traditio* zum Zwecke der Übereignung nur dann für wirksam, wenn sie zur Erfüllung eines wirksamen Verpflichtungsgeschäfts, einer *causa*, getätigt worden war. Jetzt hatten A und B sich über die *causa* nicht geeinigt – für A war es Schenkung, für B war es Darlehen. Julian (*Digesta* 41,1,36) bejahte die Wirksamkeit der Übereignung, Ulpian (*Digesta* 12,1,18 pr.) verneinte sie. Die anderen Juristen hielten daran fest, daß eine *traditio* ohne wirksame *causa* (und bei Dissens über die *causa* war diese nicht wirksam) nicht möglich war; für Justinian indessen (*Institutiones* 2,1,40) genügte es, wenn die Übergabe *(traditio)* vom Willen, Eigentum zu übertragen, begleitet war – ob die *causa* in den Willen aufgenommen war, scheint nicht erheblich gewesen zu sein. Das Gemeine Recht übernahm die kausale *traditio*, und in fast allen europäischen Rechtsordnungen führt die Übergabe einer Sache dann und nur dann zur Eigentumsübertragung, wenn ein wirksames Kausalgeschäft (ein „Titel", wie es in Österreich heißt) vorliegt. Einzig in Deutschland gilt eine Ausnahme: F. C. von Savigny stellte

Anfang des 19. Jhdts. die Lehre auf, auch nach römischem Recht sei zur Wirksamkeit einer Übereignung durch *traditio* nicht ein wirksames Kausalgeschäft, sondern nur die Einigung der Parteien darüber, daß sie Eigentum übertragen wollen, erforderlich; in der Tat konnte er seine Ansicht auf *Digesta* 41,1,36 stützen. Die Lehre Savignys setzte sich in Deutschland durch und wurde im *Abstraktionsprinzip* des § 929 Satz 1 BGB festgehalten: „Zur Übertragung des Eigentums an einer beweglichen Sache ist erforderlich, daß der Veräußerer dem Erwerber die Sache übergibt und beide darüber einig sind, daß das Eigentum an der Sache übergehen soll."

Die Manzipation blieb weiterhin die Übereignungsart der *res mancipi*; sie erforderte den Vollzug des umständlichen Wortrituals, des symbolischen Abwägens und der fünf Zeugen. Als Grundform nicht nur der Übereignung, sondern auch der Adoption und der Emanzipation und vor allem des Testamentes wurde sie ständig geübt, was durch zahlreiche Urkunden der Kaiserzeit bezeugt wird. Ob sie tatsächlich vollzogen oder nur, um der Form zu genügen, beurkundet wurde, wissen wir allerdings nicht. Gegen Ende des 2. Jhdts. n. Chr. ließ der Prätor den Beweis, beim Testament sei der Manzipationsritus nicht eingehalten, nicht mehr zu, was deutlich zeigt, daß schon vorher oft genug auf die Form verzichtet, sie aber beurkundet worden war (S. 100). So ist es gut möglich, daß auch im nicht-erbrechtlichen Bereich die Manzipation gegen Ende des 2. Jhdts. v. Chr. nicht mehr vollzogen, sondern nur noch beurkundet wurde. Die letzten Manzipationsurkunden stammen aus der Zeit um 250 n. Chr., danach starb die Manzipation ab und wurde von Justinian auch offiziell abgeschafft. Urkundenfloskeln wie *dedit mancipioque accepit* („gab und erwarb durch Manzipation") schleppten sich, wohl unverstanden, in der Notariatspraxis Italiens noch bis ins hohe Mittelalter fort.

5. Ehe und Hausgewalt

Die *manus*-Ehe (S. 47) war bereits beim Ende der Republik so gut wie abgestorben; in der *manus*-freien Ehe behielt die Ehefrau ihre Rechtsfähigkeit und war Gütertrennung gewahrt. Freilich hatte eine *manus*-freie Ehefrau kein ziviles Erbrecht nach ihrem Mann und sie wurde vom Prätor nur in der letzten Klasse (*vir et uxor*, S. 81) zur *bonorum possessio* berufen. Der gätulizianische Senatsbeschluß (wohl aus der Mitte des 1. Jhdts. n. Chr.) entzog auch einer *manus*-Ehefrau das günstigere Erbrecht als *sua heres* (S. 32) – möglicherweise vollzogen manche Ehepaare kurz vor dem Tode des Mannes eine *manus*-Ehe, um die erbrechtliche Stellung der Frau zu verbessern, und so dürfte der Senatsbeschluß den Zweck gehabt haben, eine derartige Umgehung zu unterbinden.

Da das prätorische gesetzliche Erbrecht der Ehegatten untereinander nur letztrangig war, bestand das Bedürfnis, die Versorgung der Witwe zu sichern. In klassischer Zeit waren hierzu zwei Methoden üblich; entweder setzte der Mann seiner Frau Vermächtnisse aus (das Verbot, eine Frau zur Erbin einzusetzen, bestand ja wahrscheinlich noch im 1. Jhdt. n. Chr., S. 79), oder aber es wurde bereits ehevertraglich geregelt, daß der überlebenden Ehefrau die Mitgift zufiel. Erst Justinian gewährte einer mitgiftlosen Witwe ein Pflichtteilsrecht von einem Viertel der Erbschaft neben den Kindern, die „Quart der armen Witwe".

Das System der väterlichen Hausgewalt (S. 28) blieb während der klassischen Zeit unangetastet. Kinder blieben, so lange der Vater lebte und sie nicht emanzipiert waren, rechtsunfähig, und daher auch vermögensunfähig; alles was sie erwarben, fiel in das Vermögen des Vaters. Dieser konnte ihnen einen bestimmten Vermögensbetrag, das *peculium* („Sondergut"), zur eigenen Bewirtschaftung zuweisen (S. 29); intern waren sie Nutznießer dieses Vermögens, doch konnte es ihnen vom Vater jederzeit willkürlich entzogen werden. Gläubiger selbstwirtschaftender Hauskinder wurden dadurch geschützt, daß sie vom Vater Ersatz bis zur rechnerischen Höhe des Pekuliums verlangen konnten – insoweit hatte die interne und gegenüber dem Hauskind unverbindliche Zuweisung eines Pekuliums Außenwirkung. Nur Soldaten waren von der Beschränkung durch die Hausgewalt ausgenommen und durften über ihr Pekulium auch gegen den Willen des Vaters verfügen; seit dem 4. Jhdt. wurden hohe Beamte und Geistliche den Soldaten mehr oder weniger gleichgestellt, so daß sie allmählich vermögensfähig wurden. Justinian behielt das System der Hausgewalt und der Vermögensunfähigkeit der Hauskinder im wesentlichen bei, und so ist es auch ins Gemeine Recht übergegangen. Seit der Neuzeit endete die väterliche Gewalt aber auch dadurch, daß ein Kind einen selbständigen Hausstand begründete.

6. Erbrecht: Testament; Kadukarrecht; Pflichtteil

Die Zweiteilung des Erbrechts in ziviles und prätorisches Erbrecht blieb erhalten; das prätorische überlagerte allerdings das zivile immer mehr, so daß letzteres nur noch in der 2. prätorischen Klasse (*legitimi*, S. 80) Bedeutung hatte.

a) In der Kaiserzeit wurde die mündliche Form der Testamente und die Errichtung vor den Zeugen (S. 52) zuweilen nicht eingehalten, sondern nur beurkundet. Focht jemand das Testament deshalb an und konnte er den Formmangel beweisen, so war es unwirksam. Gegen Ende des 2. Jhdts. n. Chr. beschloß der Prätor, eine Testamentsanfechtung wegen Nichteinhaltung der Form nicht mehr zuzulassen; wer jetzt eine mit sieben Siegeln (der fünf Zeugen, des Waagehalters und einer siebten und nicht genau bestimmbaren Person, des sogenannten *antestatus*) versehene Testamentsurkunde vorweisen konnte, hatte ein wirksames Instrument in der Hand, das nicht mehr entkräftet werden konnte. In diesem Augenblick war das schriftliche Testament geboren, das bis heute überdauert hat – wir können heute ein Testament nur eigenhändig schriftlich oder durch notarielle Beurkundung errichten; ein in Todesgefahr errichtetes mündliches Testament vor drei Zeugen ist hingegen nur ein Nottestament und verliert drei Monate nach Beendigung der Gefahr seine Wirksamkeit (§ 2252 BGB).

Die wohlhabenderen Bevölkerungsschichten pflegten die Nachfolge durch Testamente zu regeln; zahlreiche Verfügungsarten machten die Erstellung eines Testamentes zur Kunst, und nur wenige Erblasser verkündeten im Testament, sie hätten es „ohne Hinzuziehung eines Juristen" *(sine iurisconsulto)* errichtet. Statt vieler Einzelheiten soll hier nur ein Fall aus der Praxis des Juristen Papinian (um 200 n. Chr.) dargestellt werden, der zeigt, welche Überlegungen ein Erblasser anstellen mußte:

> *Digesta* 22,1,3,3: Pollidius wurde von seiner Verwandten zum Erben eingesetzt und durch Fideikommiß gebeten, der Tochter dieser Frau alles, was er aus ihrem Nachlaß erlangt habe, herauszugeben, sobald sie ein bestimmtes Alter erreicht hatte; die Mutter drückte im Testament aus, daß sie dies beschlossen habe, damit das Vermögen nicht den Vormündern der Tochter, sondern vielmehr einem Verwandten anvertraut werde; auch verfügte sie, daß dieser Pollidius ein Grundstück behalten solle.

Natürlich hätte die Mutter ihre Tochter auch direkt zur Erbin einsetzen können (die *lex Voconia* [S. 78 f.] war nicht mehr in Kraft); dann aber hätten die gesetzlichen Vormünder der Tochter (nämlich Verwandte des Vaters) die Erbschaft verwaltet, und es hätte ferner die Gefahr bestanden, daß genau diese Vormünder, die als Agnaten auch die gesetzlichen Erben der Tochter waren (S. 49), die Erbschaft erhielten, falls die Tochter vor dem „bestimmten Alter", nämlich ihrer Mündigkeit, sterben sollte. Das wollte die Mutter verhindern. Eine Person ihres Vertrauens, z. B. ihren eigenen Verwandten Pollidius, zum Vormund zu bestellen, war nicht möglich, da die Vormundschaftsbehörde die Bestellung des Pollidius vielleicht auf den Einspruch der Agnaten ablehnen würde. Für den Fall, daß die Tochter noch unmündig versterben sollte, hätte es auch nichts genützt, die Tochter selbst zur Erbin einzusetzen und dem Pollidius ein Fideikommiß der gesamten Erbschaft nach dem Tode der Tochter auszusetzen; denn den Agnaten als Erben der Tochter würde gerade vom Fideikommiß ein Viertel der Erbschaft nach dem pegasianischen Senatsbeschluß (S. 103) zustehen. So war nur die von Papinian berichtete Verfügung sinnvoll. Wenn die Tochter mündig wäre und von Pollidius die Erbschaft bekommen würde, könnte sie selbst durch Testament ihre väterlichen Verwandten von der Erbfolge ausschließen. Nicht zu vermeiden war, daß Pollidius als Testamentserbe die Quart, welche durch das Grundstück abgegolten war, nach dem pegasianischen Senatsbeschluß behalten durfte.

b) Nach den Bürgerkriegen, die unter Marius und Sulla und vor allem in den Jahren nach Cäsars Tod Italien verheerten, war die römische Oberschicht dezimiert; die alten Geschlechter drohten auszusterben. Augustus versuchte, dem Übel abzuhelfen. Eine *lex Iulia* (18 v. Chr.) und eine *lex Papia Poppaea* (9 n. Chr.) sahen besondere Maßnahmen zur Bevölkerungsvermehrung vor. Unter anderem wurden Personen, die drei Kinder hatten, mit besonderen Privilegien versehen – das „Dreikinderrecht" *(ius trium liberorum)* wurde freilich später dadurch entwertet, daß es auch unverheirateten Kinderlosen ehrenhalber verliehen wurde. Im Erbrecht blieb zwar das gesetzliche Erbrecht unangetastet, doch durfte nur derjenige eine testamentarische Zuwendung (Erbeinsetzung und Legate) erhalten, der verheiratet war und wenigstens ein Kind hatte; wer nur verheiratet, aber kinderlos war, durfte nur die Hälfte erhalten, Ehegatten gegenseitig nur ein Zehntel, Unverheiratete gar nichts. Von der Erwerbsunfähigkeit ausgenommen waren nur die *personae exceptae* – wie nach der alten *lex Furia* waren dies die Verwandten bis zum 6. Grad und die Kinder eines Andergeschwisterkindes (S. 78). Der Kreis der *personae exceptae* war also identisch mit denjenigen, die nach prätorischem Recht in der Klasse der *cognati* gesetzliche Erben waren (S. 81), und somit durfte ein Erblasser eben diejenigen testamentarisch bedenken, die auch seine gesetzlichen Erben waren. Alles, was im Testament zugunsten eines derartig ganz oder teilweise Erwerbsunfähigen *(incapax)* ausgesetzt war, war „verfallen" *(caducum)* – es fiel denjenigen Männern zu, die im Testament genannt waren und Kinder hatten, in Ermangelung solcher der Staatskasse. Ein Beispiel: Der Erblasser mit einem Vermögen von einer Million hatte je zur Hälfte seinen Vetter Titius und einen im 8. Grade verwandten Maevius als Erben eingesetzt sowie einem nichtverwandten Seius ein Legat von 1000 zu Lasten des Titius ausgesetzt. Titius war unverheiratet, Maevius verheiratet, aber kinderlos, Seius war verheiratet und hatte Kinder. Titius durfte trotz Inkapazität seine Hälfte (500 000) erwerben, weil er Verwandter 4. Grades war, und mußte 1000 an Seius auszahlen; Maevius war zur Hälfte erwerbsunfähig und bekam daher nur die Hälfte seiner Portion (250 000); Seius war erwerbsfähig und erhielt daher das Legat von Titius (1000), aber auch als „Vater im Testament" die kaduke Hälfte des Maevius, also zusammen 251 000. Hätte der Erblasser den Seius nicht bedacht, so wären 250 000 an die Staatskasse gefallen.

Tiberius mag erkannt haben (Tacitus, *annales* 3,25), daß das Gesetz seinen Zweck, das Wachstum der römischen Oberschicht, nicht erreichte, weil es vielfältig umgangen wurde. Spätere Kaiser hatten kein Interesse, das unselige Gesetz abzuschaffen – füllte es doch die Staatskasse. Vielmehr versuchten sie, die Umgehungsmöglichkeiten zu verhindern: So hatte die *lex Papia* unter den testamentarischen Zuwendungen nur Erbeinsetzungen und Legate genannt, Fideikommisse waren im Jahre 9 n. Chr. noch nicht klagbar (S. 82); natürlich wählten die Erblasser jetzt die Form des Fideikommisses, um die *lex Papia* zu umgehen. Um 70 n. Chr. unterwarf ein Senatsbeschluß (das *senatus consultum Pegasianum*) die Fideikommisse den Legatsbeschränkungen der *lex Papia* (und auch dem Abzug der falzidischen Quart, S. 80), so daß jetzt auch Fideikommissare erwerbsfähig sein mußten. Wer von einer Umgehung erfuhr und diese anzeigte, wurde mit der Hälfte der kaduken Zuwendung belohnt. Schließlich schaffte Kaiser Caracalla (212–218 n. Chr.) das Erwerbsrecht der „Väter im Testament" ab, so daß jetzt nur noch der Staat von der Kaduzität profitierte. Kein römisches Gesetz ist von den zeitgenössischen Juristen so kritisiert worden, keines ist so häufig umgangen worden und keines ist so hartnäckig vom Staat aufrechterhalten worden wie die *lex Papia*. Erst Justinian hob 533 n. Chr. das unselige Gesetz auf, welches über ein halbes Jahrtausend die römischen Staatsfinanzen vermehrt hatte.

c) In die klassische Zeit fällt auch die Entwicklung eines Pflichtteilsrechtes naher Angehöriger. Die *lex Falcidia* hatte dem Testamentserben, der auch ein Familienfremder sein konnte, das Recht auf ein Viertel der Erbschaft gegeben; das *senatus consultum Pegasianum* dehnte die Quart auf Fidei-kommisse aus. Aber immer noch durften Kinder ohne weiteres völlig enterbt werden; es war nur erforderlich, daß ihre Ent-erbung im Testament ausdrücklich ausgesprochen war. Im 1. Jhdt. n. Chr. wurde die „Klage wegen pflichtwidrigen Testa-mentes" *(querela inofficiosi testamenti)* anerkannt. Wenn ein Erblasser einen Abkömmling formell wirksam enterbt hatte, so konnte dieser Klage auf ein Viertel der Erbschaft mit der Be-gründung erheben, der Erblasser habe sich bei Testamentser-richtung in einem Zustand vorübergehender Geistesstörung befunden; nur diese erkläre die grundlose Enterbung. Die Kla-ge wurde nur dann abgewiesen, wenn es einen Grund für die Enterbung gegeben hatte, etwa pflichtwidriges Verhalten des Enterbten (vgl. heute § 2333 BGB), andernfalls bekam der Ent-erbte ein Viertel der Erbschaft zugesprochen. Das Recht auf die Querel wurde später auch Eltern zugesprochen; unter Justinian trat die schon erwähnte Quart der armen Witwe (S. 99) hinzu. Aus alledem hat sich das heutige Pflichtteilsrecht (§ 2303 BGB) entwickelt.

7. Das Strafrecht der Kaiserzeit

Augustus erhielt die republikanischen Schwurgerichte *(quae-stiones perpetuae)* als „ordentliche" Strafgerichtsbarkeit, über-trug aber die Polizeigerichtsbarkeit der *tresviri capitales* (S. 84) dem Stadtpräfekt *(praefectus urbi)* und seinem Rat. Auf Grund hoher Sachkunde der Richter, die mehr oder weniger Be-rufsbeamte waren, und weiter Zuständigkeit (für alle Delikte) verdrängte diese „außerordentliche" Strafgerichtsbarkeit all-mählich die ordentliche der Schwurgerichte. Daneben und darüber stand die Strafgerichtsbarkeit des Prinzeps, der außer-halb der Stadt durch prokonsularisches Imperium und inner-halb der Stadt durch tribunizische Gewalt (S. 85) höchste Machtbefugnisse hatte. Seit Tiberius war auch der Senat zu-ständig für Strafverfahren gegen Senatoren; diese Standesge-richtsbarkeit setzte sich allerdings nicht durch und verschwand gegen Ende des 1. Jhdts. n. Chr. wieder.

Die ordentliche Gerichtsbarkeit war an die alten Verfahrensweisen der Republik gebunden und verhängte auch nur die alten Strafen, Tod oder Verbannung. Die außerordentlichen Gerichtsbarkeiten des Stadtpräfekten und des Prinzeps hingegen entwickelten flexible Verfahren, was zu schnellen effektiven Prozessen und möglicherweise auch zu gerechteren Urteilen führte; freilich erschreckt uns heute auch die Barbarei der neu eingeführten Strafen. Während die Angehörigen der Oberschicht *(honestiores)* eher Deportation oder Verweisung aus der Stadt zu gewärtigen hatten, drohten den niederen Ständen *(humiliores)* die Todesstrafe in verschiedenen Formen, Verurteilung zu Tierkämpfen und zur Arbeit im Bergwerk. Da die Bedeutung des öffentlichen Strafrechts in der Kaiserzeit zunahm, zeigte auch die Jurisprudenz größeres Interesse, und aus der Spätklassik sind einige Schriften zum Strafrecht bekannt. Die wissenschaftliche Behandlung des Strafrechts bemühte sich um Kriterien für die sorgfältige Feststellung des Tatgeschehens und der Schuld und die differenzierte Verhängung der Strafe, was gewiß auch die Praxis positiv beeinflußte.

V. Die nachklassische Entwicklung
bis zu Justinian

1. Ein Rückblick auf die Klassik

Die ersten beiden Jahrhunderte des Kaiserreiches waren durch den Zwiespalt der politischen Entmachtung des Volkes einerseits und einer beachtlichen Liberalität im privatrechtlichen Bereich andererseits geprägt. So sehr die Kaiser autokratisch regierten, ohne auf private Interessen Rücksicht zu nehmen, so sehr waren sie aber auch darauf bedacht, durch eine gerechte Ordnung die Bevölkerung zufrieden zu stellen. Die Greueltaten, die Tacitus und Sueton von Caligula, Nero und Domitian berichten, sind gewiß nicht übertrieben; doch betrafen sie nur einen kleinen Teil der Bevölkerung. Die meisten konnten sich darauf verlassen, daß sie in der *Pax Romana* (dem Römischen Frieden) ungestört leben und vor Gericht erfolgreich ihre Rechte gegen die anderen Bürger (und in gewisser Weise auch gegen den Staat) verteidigen konnten. Das römische Staatsbürgerrecht, welches bei einer Gesamtbevölkerung des Reiches von 60 bis 80 Millionen nur etwa 6 bis 8 Millionen besaßen, garantierte nahezu vollkommenen Rechtsschutz. Nichtbürger wurden privatrechtlich im wesentlichen gleich mit den Römern behandelt, mußten aber den Hauptteil der Steuerlast tragen; ihre Situation wurde durch vielfältige Möglichkeiten, römisches Staatsbürgerrecht zu erwerben, erträglich gemacht. Der Unterschied zwischen Bürgern und Nichtbürgern wurde immer geringer, je bedeutungsloser die politischen Rechte der Bürger wurden. So war die Änderung kaum spürbar, als Kaiser Caracalla im Jahre 212 n. Chr. allen freien Einwohnern des Reiches (mit wenigen Ausnahmen) das römische Staatsbürgerrecht verlieh. Fortan war im privatrechtlichen Bereich der Unterschied zwischen dem Recht der römischen Bürger *(ius civile)* und dem *ius gentium* (S. 87) unerheblich. Daß allerdings ein sehr großer Teil der Bevölkerung – die Sklaven – rechtlich nicht geschützt war, wurde kaum wahrgenommen. Immerhin hatten sie die Hoffnung auf Freilassung, die ihnen sogar römisches Staatsbürgerrecht gewähren würde; Freilassung war eher zu erwarten, wenn sie sich angepaßt verhalten würden. So förderte die Möglichkeit, freigelassen zu werden, eine gewisse Sklavenmentalität und brachte in den Freigelassenen eine brave und mit allem zufriedene Bevölkerungsschicht hervor, die auch zur Stabilität der politischen Ordnung beitrug. Ansätze zum Schutz der Sklaven vor grausamer Behandlung gab es seit dem 2. Jhdt. n. Chr.; das Christentum führte diese Bestrebungen weiter, ohne jedoch das Institut der Sklaverei jemals in Frage zu stellen – hatte doch Paulus im *Philemonbrief* das Recht des Sklaveneigentümers anerkannt.

Die politische Stabilität der ersten beiden nachchristlichen Jahrhunderte brachte Wirtschaftswachstum und Wohlstand hervor. So ist es nicht verwunderlich, daß diese beiden Jahrhunderte die Entwicklung des Privatrechts vorantrieben. Der Umstand, daß die Rechtspflege vom Prätor zwar verwaltet, die Urteile aber von privaten Richtern gesprochen wurden und daß das Recht nur wenig durch staatliche Gesetzgebung, hauptsächlich aber durch die Respondierjuristen fortentwickelt wurde, führte zur Ausbildung eines leistungsfähigen Juristenstandes und der wohl höchst entwickelten Rechtswissenschaft, die die Weltgeschichte des Rechtes kennt. Zu Beginn des 3. Jhdts. n. Chr. waren die großen Ediktskommentare und die Bücher der Problemataliteratur (S. 90) geschrieben, und nahezu alle denkbaren juristischen Probleme waren bereits irgendwo schriftlich bearbeitet.

Genau zu dieser Zeit endete jählings die klassische Rechtswissenschaft; nach Ulpian, Paulus und Modestin hat es fast keine namhaften Juristen mehr gegeben. Das Ende der Blütezeit hat mehrere Gründe. Die Existenz der überreichen juristischen Literatur machte neue Großwerke überflüssig (eine Erkenntnis, der sich die heutige Buchproduktion im Bereich der Rechtswissenschaft zuweilen verschließt); der wirtschaftliche Niedergang im 3. Jhdt. führte zur Verarmung weiter Bevölkerungsschichten und damit zur zahlenmäßigen Abnahme von Zivilprozessen; die politische Instabilität des 3. Jhdts. verlagerte den Schwerpunkt der juristischen Tätigkeit auf die Staatsverwaltung, die nunmehr die ganze Kraft der befähigsten Juristen erforderte.

Unter Diokletian und Konstantin ist mit der neuen Stabilität auch eine gewisse Vermehrung der literarisch-juristischen Produktion zu vermerken; danach aber kommen zwei weitere dunkle Jahrhunderte bis Justinian.

2. Der Dominat

Nach dem Ende der severischen Dynastie (235) zeigte sich, daß die Struktur des Prinzipats – äußerlich die Fortführung der Republik, tatsächlich eine Monarchie des Prinzeps, die verfassungsrechtlich nicht abgesichert war – nicht in der Lage war, die Ordnung in Zeiten des politischen und wirtschaftlichen Niedergangs aufrechtzuerhalten. Vor allem gab es keine geregelte Nachfolgeordnung. Immerhin hatten Nerva, Trajan, Hadrian und Antoninus Pius durch Adoption für einen befähigten Nachfolger gesorgt; in den julisch-claudischen (14–68), flavischen (68-96) und severischen Dynastien (193–235) wurde die Nachfolge häufig erst nach dem Tode des Kaisers entschieden; Interregna (68/9, 193) brachten das Reich an den Rand des Abgrunds. Daß die Römer sich dennoch über 200 Jahre einer *Pax Romana* erfreuen konnten, ist einer perfekten Verwaltung und dem hoch entwickelten Privatrecht zu verdanken, vielleicht auch einem dem römischen Volk in besonderer Weise innewohnenden Rechtsbewußtsein. Aber als der letzte Severer gestorben war (235), fiel das Reich für ein halbes Jahrhundert in Anarchie.

Diokletian (284–305) gelang eine gründliche und dauerhafte Neuordnung des Reiches. Er löste die längst überholte fiktive Republik durch eine, wie wir heute sagen würden, konstitutionelle Monarchie ab. Er schuf einen zentralistischen Verwaltungsstaat, an dessen Spitze zwei Augusti und zwei Caesares standen (Tetrarchie „Vierherrschaft"); seine Nachfolger haben allerdings das kollegiale System zur Alleinherrschaft umgewandelt. Der Kaiser nannte sich nicht mehr *princeps* („Erster"), sondern *dominus* („Herr"), und daher pflegen wir die neue Regierungsform als „Dominat" zu bezeichnen (die von Mommsen geprägte Bezeichnung verschleiert allerdings, daß auch der spätantike Herrscher ebenso wie der Prinzeps dem Gesetz unterworfen war und dieses achtete). Das Reich wurde in vier Präfekturen geteilt, die wiederum in 12 Diözesen und etwa 100 Provinzen gegliedert waren. Die Neugliederung bestärkte eine schon lange bestehende Tendenz zur Separation von Osten und Westen, die 395 endgültig zur Reichsteilung führte. Während Ostrom (Griechenland und Vorderasien) eine neue Blüte erleben durfte, verfiel der Westen. Frankreich, Spanien, Nordafrika und schließlich auch Italien (476) gerieten unter germanische Herrschaft. Erst Justinian konnte, wenn auch nur vorübergehend, das alte Weltreich noch einmal vereinigen.

Die Reichsverwaltung suchte dem zunehmenden Verfall durch Zwangsmaßnahmen zu wehren; mit dem Liberalismus des Prinzipats war es vorbei. Besonders bemerkenswert ist die berufsständische Ordnung: Ähnlich wie im mittelalterlichen Stände- und Zunftwesen wurden öffentliche Ämter und Berufe erblich, was zu einer großen Immobilität der Bevölkerung und einer damit verbundenen Lethargie führte. Die Bauern sanken zu einer halbfreien Bevölkerungsschicht herab; dasselbe Wort, welches in klassischer Zeit einen freien Landpächter, der jederzeit kündigen konnte, bezeichnet hatte *(colonus)*, meinte nun einen schollengebundenen Bauern. Andererseits verbesserte sich die Situation der Sklaven; seit Rom keine Kriege mehr gewann, blieb der Nachschub an Kriegsgefangenen aus, und Sklaven wurden teuer und unwirtschaftlich. Die Verschwendung von Sklaven in der Landarbeit hörte daher einigermaßen auf. So glichen sich die tatsächlichen Verhältnisse der freien Arbeiter, der schollengebundenen *coloni* und der Sklaven immer mehr an.

Das Formularverfahren unter prätorischer Leitung wurde in der Spätantike auch im privatrechtlichen Bereich durch die kaiserliche Gerichtsbarkeit abgelöst; die Beamten der *cognitio extraordinaria* verfuhren nicht mehr nach dem Edikt des Prätors, sondern nach Verwaltungsverordnungen, die einerseits ein effektives Verfahren ermöglichten, andererseits aber sich dem Einfluß der wissenschaftlichen Jurisprudenz entzogen. Über die Einzelheiten sind wir viel ungenauer als über das Formularverfahren unterrichtet, da das Interesse der Juristen, sich damit wissenschaftlich-literarisch zu beschäftigen, spürbar nachließ. Schon im 3. Jhdt. wurden die Klagformeln kaum mehr verwendet und im Jahre 342 endgültig abgeschafft.

Unter Diokletian wurden zwei private Sammlungen von Kaisergesetzen geschaffen, der *Codex Gregorianus* (nach 291) und der *Codex Hermogenianus* (nach 294) – von ihnen ist kaum etwas erhalten. Eine umfassende Kodifikation des Jahres 438, der *Codex Theodosianus*, ist besser überliefert. Er enthielt hauptsächlich Verwaltungsrecht und stellt für die spätantiken Verwaltungszustände eine Quelle ersten Ranges dar.

Im Westreich gerieten die Errungenschaften des klassischen römischen Rechts ziemlich in Vergessenheit; die Quellen des weströmischen „Vulgarrechts" zeigen nicht mehr den Scharfsinn, die sprachliche Präzision und die interessenorientierte Entscheidungsfindung der römischen Juristen. Der Osten hingegen hat das alte Niveau einigermaßen bewahrt. Die Reskriptenkanzlei Diokletians, die noch das ganze Reich bediente, stand immer noch auf der Höhe der klassischen Jurisprudenz; nach einer gewissen Verflachung im 4. Jhdt. fanden die Rechtsschulen in Byzanz und Beirut zu einer neuen Blüte, die das gewaltige Reformwerk Justinians geistig ermöglichte.

VI. Justinianisches Recht

1. Justinian und das Corpus Iuris Civilis

Der machtvollste Herrscher Ostroms, Justinian (527–565), ist
in die Geschichte als letzter Einiger des alten römischen Reiches, als Erbauer der Hagia Sophia in Istanbul und als Schöpfer
des *Corpus Iuris Civilis* eingegangen.

528 ließ er die noch geltenden Kaisergesetze (Konstitutionen
und Reskripte, S. 88) sammeln; die damit beauftragte Kommission sollte veraltete Gesetze ausscheiden, die aufzunehmenden
Gesetze überarbeiten und alles in übersichtlicher Gestalt zusammenstellen. Das Ergebnis dieser Arbeit trat am 16.4.529
als *Codex Iustinianus* in Kraft.

Die nächste Aufgabe war ungleich schwieriger. Auch die Juristenschriften der vergangenen Jahrhunderte sollten durchge-
sehen, das noch Brauchbare zusammengestellt ("kompiliert"),
alles Übrige nicht mehr verwendet werden. 530 wurde eine
17köpfige Kommission unter Leitung des Justizministers Tri-
bonianus gebildet. Sie erhielt die ausdrückliche Erlaubnis, die
Schriften durch Textänderungen ("Interpolationen") dem jetzt
geltenden Recht anzupassen. Aus über 1500 Büchern sind insgesamt nur etwa 5 % des Textes exzerpiert worden, natürlich
in unterschiedlichem Maße; so wurde aus den 83 Büchern des
Ulpianischen Ediktskommentars über die Hälfte exzerpiert,
aus einem vergleichsweisen unbedeutenden Werk wie den
"Büchern zu Cassius" des Javolen nur etwa 1 bis 2 %. Man
bildete drei Unterkommissionen. Die eine sah die Kommentare
zum prätorischen Edikt und andere Schriften, die diesem System folgten (z. B. Julians Digesten), durch, die zweite befaßte
sich mit den Werken, die einem zivilrechtlichen System, vor
allem dem des Sabinus, folgten, die dritte übernahm die zahlenmäßig etwas geringere Gruppe der fallbezogenen Schriften
("Problemataliteratur", S. 90) von Papinian, Scaevola, Paulus
und anderen. Im Laufe der Arbeit fanden sich in den Biblio-
theken noch neue Bücher auf, die im Arbeitsplan noch nicht
enthalten waren; sie wurden als Appendix der Papinians-

kommission zugewiesen. Die Kommissionen lasen zunächst sämtliche Bücher durch und machten Exzerpte, die sie mit Autor und Werk (z. B. „Ulpian, 32. Buch zum Edikt") bezeichneten („Inskription") und in der Reihenfolge der Exzerption in vorgegebene Titelrubriken (z. B. „Über die Klagen aus Kauf und Verkauf", *Digesta* 19,1) einordneten. In einem zweiten Arbeitsgang wurden etwa 1400 Fragmente an andere Stellen versetzt und gegebenenfalls dem neuen Kontext angepaßt. Da somit die ursprüngliche Reihenfolge meist erhalten und in längeren Titeln mit mehr als 50 Fragmenten leicht erkennbar ist, konnte F. Bluhme (1820) den Gang der Kompilation und die Verteilung auf die den einzelnen Kommissionen zugewiesenen „Massen" rekonstruieren. Am 30. 12. 533 trat das Ergebnis dreijähriger Arbeit als *Digesta* (von *digerere* „systematisch zusammenstellen") oder *Pandectae* (von griechisch *pandéchesthai*, der Übersetzung von *digerere*) in 50 Büchern mit 432 Titeln und 9950 Fragmenten in Kraft. Eine Urschrift der Digesten wurde in Byzanz hergestellt, von der Abschriften ins ganze Reich versandt wurden. Wahrscheinlich eine dieser ersten Abschriften ist der berühmte *Codex Florentinus*, eine heute in Florenz aufbewahrte Prachthandschrift aus dem Ende des 6. Jhdts. n. Chr. Die übrigen erhaltenen Digestenhandschriften stammen aus dem hohen Mittelalter.

Heute zitieren wir die Digestenfragmente nach Buch, Titel, Fragment und Paragraph („Absatz") und fügen häufig die Inskription hinzu (z. B. „*Dig.* 35,2,87,8 Iul. 61 dig." = Julian, 61. Buch der Digesten); im Mittelalter und noch bis ins 19. Jhdt., als man die Digesten noch einigermaßen auswendig konnte, zitierte man dasselbe Fragment etwa „*l. Qui fundum § . ult. ff. Ad legem Falcidiam*" (= im Gesetz [*lex*], welches mit den Worten *Qui fundum* beginnt [fr. 87], im letzten Absatz [§ 8], im Digestentitel „Zur *lex Falcidia*" [*Digesta* 35,2]). Besonders bekannte Fragmente pflegte der Kenner noch in der Neuzeit nur mit den Anfangsworten zu zitieren: *lex Lecta* (= *Digesta* 12,1,40) usw. Aus einem quer durchgestrichenen „Đ", der Abkürzung von *Digesta* („Digesten"), ist die mittelalterliche Abkürzung „ff" entstanden, und so erklärt sich die

Redewendung „etwas (nämlich das Recht) aus dem ff zu kennen".

Noch im Jahre 533 wurde durch Bearbeitung antiker Lehrbücher ein Elementarlehrbuch des römischen Privatrechts hergestellt, welches am selben Tage wie die Digesten als *Iustiniani Institutiones* in 4 Büchern mit Gesetzeskraft (!) versehen wurde.

Während der drei Kompilationsjahre wurde die Rechtsreform nicht nur durch Interpolationen, sondern auch durch zahlreiche Gesetze vorangetrieben; schon entsprach der Codex von 529 nicht mehr dem geltenden Recht. So wurde er überarbeitet und mit dem 30. 12. 534 als *Codex Iustinianus repetitae praelectionis* („Justinianisches Gesetzbuch in 2. Auflage") in 12 Büchern in Kraft gesetzt. Nur dieser Codex ist erhalten, vom ersten Codex gibt es nur wenige Fragmente.

Mit der Veröffentlichung des neuen Codex sollte die Sammlung und Reform des alten Rechts abgeschlossen sein. Neu auftauchende Rechtsfragen wurden nunmehr in eigenen Gesetzen *(leges Novellae)* geregelt. Aus den Jahren 535 bis 575 sind 168 Novellen, die meisten in griechischer Sprache, überliefert.

Das Gesamtwerk, bestehend aus Institutionen, Digesten, Codex und Novellen, wurde seit dem Mittelalter als *Corpus Iuris Civilis* bezeichnet und wurde zum Gesetzbuch des „Gemeinen Rechts" (S. 120).

Wie erwähnt, sind Digesten und Codex aus Fragmenten von Juristenschriften und Kaisergesetzen zusammengestellt worden; die Kommissionen haben die Fragmente durch Textänderungen (*Interpolationen* „Ausbesserungen") dem neuen Recht angepaßt. Ob und wie im einzelnen interpoliert worden ist, ist nur sehr schwierig festzustellen. Bis zur Mitte des 19. Jhdts. interessierte sich die Rechtswissenschaft kaum für die Interpolationen und gab sich mit dem justinianischen Recht, das ja immer noch geltendes Recht war, mehr oder weniger zufrieden. Als das Gemeine Recht allmählich durch moderne Gesetzbücher abgelöst wurde (S. 121), wandte sich das Interesse dem klassischen Recht zu, und man versuchte, durch gründliche Eliminierung der justinianischen Interpolationen das klassische Recht wiederherzustellen. Da es häufig an methodischer Besonnenheit fehlte, setzte zu Anfang des 20. Jhdts. eine wahre Interpolationenjagd ein, die schließlich alles und jedes im überlieferten Digestentext für justinianisch erklärte und an dessen Stelle phantasievoll rekonstruierte „Klassikertexte" setzte; auch seriöse Wissenschaftler pflegten sich Digestenfragmente, die ihren Theorien nicht gefügig waren, vom Leibe zu schaffen, indem sie ihnen in der Fußnote den Stempel „interpoliert" aufdrückten. Die wissenschaftliche Literatur der Zwischenkriegszeit ist daher teilweise wertlos.

Erst nach dem 2. Weltkrieg setzte eine methodische Rückbesinnung ein. Man erkannte, daß Textfragmente sich nicht nur durch justinianische Interpolationen, sondern auch durch Abschreibefehler in den 3 bis 4 Jahrhunderten zwischen Klassik und Justinian ändern konnten, und man untersuchte sorgfältig diejenigen Fragmente, die nicht nur im *Corpus Iuris*, sondern auch zufällig auf anderem Wege überliefert waren (S. 115), wobei sich oft genug herausstellte, daß die Kompilatoren nur gekürzt und sprachlich bearbeitet, nicht aber inhaltlich verändert haben. Kurz, das Ausmaß der justinianischen Texteingriffe ist weit geringer, als man noch vor 50 Jahren angenommen hat, und insgesamt ist festzustellen, daß Justinian wenig neues Recht schaffen, sondern vielmehr das klassische Recht in seine Zeit übertragen wollte.

Das soll nicht bedeuten, daß es keine Interpolationen gegeben hätte. Justinian hat z.B. die Manzipation abgeschafft (S. 98), und daher wurde jede *mancipatio* in den exzerpierten Fragmenten in eine *traditio* umgewandelt. Daraus darf man aber nicht schließen, daß jede in den Digesten erwähnte *traditio* einer *res mancipi* interpoliert wäre – vielmehr wurden ja schon in klassischer Zeit Grundstücke und Sklaven häufig der Einfachheit halber nur tradiert, weil sie ja problemlos durch Usukapion in das zivile Eigentum des Erwerbers übergingen (S. 45). Auch wurde die *lex Papia* 533 aufgehoben (S. 103), und daher wurde jede Spur des Kadukarrechts in Digesten und Codex planmäßig getilgt. Ob aber überall dort, wo ein Rechtsfall Anlaß gegeben hätte, die *lex Papia* zu berücksichtigen, die

Klassiker Ausführungen über das Kadukarrecht gemacht haben (die dann von Justinian getilgt worden wären), wissen wir einfach nicht.

2. Die Überlieferung vorjustinianischen Rechts

Die Kompilatoren exzerpierten aus den Schriften der klassischen Juristen weniger als ein Zehntel, fast alles andere ist verloren gegangen. Einzelne Fragmente sind durch Zitate bei anderen antiken Autoren überliefert; Handschriften und Papyri haben hier und dort etwas erhalten.

Den wichtigsten Text der außerjustinianischen Überlieferung, die *Institutionen des Gaius,* haben wir schon S. 16 kennengelernt; sie sind von unschätzbarem Wert für die Kenntnis des klassischen Rechts. Daneben sind zu nennen: *Ulpiani epitome* („Auszug aus Ulpian"), eine kurze Darstellung hauptsächlich des Erbrechts, im 3. Jhdt. n. Chr. verfaßt und in einer mittelalterlichen Handschrift überliefert, die im 16. Jhdt. aufgefunden wurde und aus dem Besitz der Königin Christina von Schweden in die Vatikanische Bibliothek übergegangen ist; *Pauli sententiae* („Ansichten des Paulus"), ein Auszug aus den Werken des Paulus und anderer Juristen, im 3. Jhdt. n. Chr. wahrscheinlich in Nordafrika hergestellt und als Anhang zur im frühmittelalterlichen Südfrankreich geltenden *lex Romana Visigothorum* („Römisches Gesetz der Westgoten", S. 119) in zahlreichen Handschriften überliefert; *Mosaicarum et Romanorum legum collatio* („Vergleich der alttestamentarischen und römischen Gesetze"), ein im 4. Jhdt. n. Chr. hergestellter Vergleich der beiden Rechte, vielleicht von jemandem verfaßt, der die Vereinbarkeit des römischen Rechtes mit dem Christentum beweisen wollte.

Neben diesen wenigen juristischen Fachtexten gibt es einige hundert Geschäftsurkunden auf mit Wachs beschichteten Holztäfelchen (ein Beispiel S. 71), die sich unter günstigen Umständen in Pompei und in einem Bergwerk in Rumänien erhalten haben; aus der großen Menge griechischer Papyri aus Ägypten sind auch einige wenige für das römische Recht ergiebig. In den letzten Jahren fanden sich neue Urkunden in Pompeji und Herkulaneum sowie griechische Urkunden am Toten Meer, die ein anschauliches Bild von der Existenz römischen Rechts in der Provinz gewähren. In ihrer Bedeutung oft unterschätzt sind die Informationen, die wir aus der Lektüre nichtjuristischer Schriftsteller gewinnen – die Komödien des Plautus und des Terenz (2. Jhdt. v. Chr.) sind voller juristischer Witze, deren Verständnis ein gehöriges Maß von Rechtskenntnissen bei ihren Zuschauern voraussetzte; die Werke Ciceros, die Briefe Plinius' des Jüngeren und die Schriften des Kirchenvaters Tertullian enthalten vieles, das sich nur einem Kenner des römischen Rechts erschließt.

VII. Das Weiterleben des justinianischen Rechts

1. Römisches Recht im Byzantinischen Reich

Im oströmischen Reich galten die justinianischen Gesetze ohne Unterbrechung bis zum Fall Konstantinopels (1453). Auf den Hochschulen in Byzanz und Beirut lehrte man das geltende, meist lateinisch geschriebene Recht in griechischer Sprache. Die Professoren diktierten zunächst wörtliche Übersetzungen der lateinischen Texte (*katà póda* „auf dem Fuß folgend") und sodann ihre Erläuterungen (*paragraphaí* „Anmerkungen"). Erst um 900 n. Chr. wurde das justinianische Corpus Iuris in verkürzter Form in die griechische Sprache übertragen und als *Basílika* (griech. *basilikà nómina* „kaiserliche Gesetze") in 60 Büchern veröffentlicht. Manche Basilikenhandschriften enthalten umfangreiche Randanmerkungen *(Scholien)*; diese Scholien sind zum Teil Auszüge aus den Vorlesungsskripten der Hochschullehrer aus justinianischer Zeit; damit ist ein großer Teil des *Katapóda* und der *Paragraphaí* erhalten. Rechtslehrer wie Dorotheos, Stephanos oder Thalelaios, die zu den Größten des 6. Jhdts. zählen, sind uns aus den Scholien gut bekannt. Da diese Lehrer in ihren Erläuterungen häufig Vergleiche zum vorjustinianischen Zustand zogen, sind manche Basilikenscholien wertvolle Zeugen klassischen Rechts und justinianischer Reform.

Die byzantinische Rechtswissenschaft braucht den Vergleich mit der klassischen nicht zu scheuen, unterscheidet sich aber grundlegend von ihr. Das klassische Recht war durch die Argumentationskraft selbständiger Juristen gestaltet worden, deren Ansichten nicht Gesetz waren, aber als verbindlich anerkannt wurden; es war geistige Schöpfung der juristischen Denker gewesen, und die Rechtswissenschaft hatte große Unabhängigkeit von der staatlichen Rechtsetzung bewahrt, indem sie sich auch nicht scheute, diese zu kritisieren. Die byzantinischen Juristen hingegen vollzogen Gesetzesrecht und damit den Willen des kaiserlichen Gesetzgebers. Symptomatisch ist, daß das aristotelische Gleichnis des Richters als „beseeltes Gesetz"

(*Nikomachische Ethik* 5,7) in klassisch-römischer Zeit auf den Prätor (*viva vox iuris civilis* „die lebendige Stimme des Rechts der römischen Bürger", *Digesta* 1,1,8), in justinianischer Zeit auf den Kaiser (*lex animata, Novellae* 105,2,4) übertragen wurde.

Nachdem im 9. Jhdt. die lateinischen Rechtstexte vollkommen ins Griechische übersetzt worden waren, brach die Kontinuität mit dem klassischen Recht ab. Die Rechtslehrer wußten nichts Genaues mehr von den römischen Ursprüngen ihres Rechts; die Kommentare byzantinischer Juristen zu den Basiliken aus dem 11. Jhdt. behandelten nur noch zeitgenössisches Recht ohne historische Perspektiven. Die Bedürfnisse der Praxis führten zu immer kürzeren Neubearbeitungen der Basiliken. Ein Richter namens Patzes verfaßte im 12. Jhdt. ein Register zu den Basiliken und Hinweise auf Paralleltexte, welches in neugriechischer Aussprache *ti pu kitä* (altgriechisch *ti pou keitai* „was wo steht?") genannt wurde (lange Zeit war dieses Buch unter dem angeblichen Verfassernamen *Tipukitos* bekannt). Harmenopulos kompilierte im 14. Jhdt. eine Kurzfassung der Basiliken in 6 Büchern unter dem Namen *Hexábiblos* („Sechsbuch"); die Hexabiblos wurde während der Türkenherrschaft als Rechtsquelle benutzt und war auch nach der Wiedererrichtung der griechischen Selbstherrschaft Gesetzbuch, bis sie 1946 durch das griechische Zivilgesetzbuch abgelöst wurde.

2. Römisches Recht im Westen:
Rezeption und Gemeines Recht

Als Justinians Feldherren die Eroberung Italiens abgeschlossen hatten, setzte ein „Einführungsgesetz" *(sanctio pragmatica)* von 554 das justinianische Recht in Italien in Kraft, was allerdings nur bis zur langobardischen Eroberung Italiens (568) Wirkung zeitigte – in einigen Gebieten, die weiterhin Ostrom unterstanden (Ravenna, Rom, Neapel, Süditalien mit Sizilien), blieb römisches Recht noch für einige Zeit in Geltung. Die germanischen Gebiete (Norditalien, Spanien und Frankreich) wandten schon seit dem 5. Jhdt. Volksgesetze mit römisch-rechtlichen Einflüssen an; besondere Bedeutung hatte die *lex Romana Visigothorum*, die in Südfrankreich als sogenanntes *Breviar des Alarich* bis ins 12. Jhdt. galt.

In Italien waren die Digesten bald verschollen; nur von der frühmittelalterlichen Benutzung von Institutionen und Codex sind Spuren erhalten, und eine lateinische verkürzende Übersetzung der Novellen (die *Epitome Iuliani*) kursierte im Westen. Nach dunklen Jahrhunderten entdeckten Juristen in Bologna eine Handschrift (oder mehrere?) der Digesten und erkannten sogleich den ungeheuren Wert dieses „größten Thesaurus spezifisch zivilrechtlicher Erfahrung, den die Weltgeschichte des Rechts kennt" (F. Wieacker, *Romanitas* 10 [1970] 216). Irnerius gründete um 1100 die Rechtsschule von Bologna, die bald zur ersten juristischen Universität des Abendlandes wurde. In Bologna wurde römisches Recht nach den alten Texten gelehrt; die Rechtslehrer schrieben umfangreiche Erläuterungen an die Ränder ihrer Handschriften („Glossen", weswegen sie als Glossatoren bezeichnet wurden). Accursius stellte 1240 die zahlreichen Glossen der Bologneser Juristen zu einer Textausgabe des Corpus Iuris *(Glossa ordinaria)* zusammen. Um den *Codex Florentinus* (S. 112), den man fälschlicherweise für die Urhandschrift hielt, wurden Kriege geführt. Bologna und andere oberitalienische Universitäten wurden zu Zentren der europäischen juristischen Ausbildung; überallhin kehrten die Studenten aus Bologna zurück und brachten das dort gelernte römische Recht mit. In den folgenden Jahrhunderten wurden Universitäten in Spanien, Frankreich, England und Deutschland errichtet, wo römisches Recht gelehrt wurde. So breitete sich das römische Recht langsam in die mitteleuropäischen Länder aus; nur England entzog sich dem Einfluß des römischen Rechts und entwickelte sein einheimisches Recht weiter. Im 14. Jhdt. wurde die Methode der Glossatoren – Randbemerkungen mit kurzen Erläuterungen und Verweisen auf Parallelstellen – durch systematische Großkommentare zu einzelnen Rechtsgebieten abgelöst; die „Kommentatoren" Bartolus (1314–1357) und Baldus (1327–1400) verbanden in ihren Werken die Lehren des römischen Rechts mit den Bedürfnissen der Praxis und schufen gerade in Oberitalien, wo das Wirtschaftsleben blühte, die Grundlagen eines modernen Handelsrechts. Man spricht vom *mos Italicus*, der italienischen Weise der Rechtswissenschaft.

Die Ausbreitung des römischen Rechts in Mitteleuropa wurde zu einer kontinental-europäischen Bewegung, der sogenannten *Rezeption* des römischen Rechts. In der Mitte des 15. Jhdts. war es in Deutschland, dessen territoriale Zersplitterung nach einem einheitlichen Recht rief, ausgemachte Sache, daß römisches Recht überall dort gelten solle, wo einzelne Territorien keine eigenen besonderen Rechte hatten; die Reichskammergerichtsordnung von 1495 wies die Richter an, nach „des Reiches gemainen Rechten" zu richten. „Gemeines Recht" *(ius commune)*, wie das römisch-justinianische Recht samt der *Glossa ordinaria* und den Kommentaren des Bartolus nunmehr genannt wurde, füllte alle Lücken der „partikularen" Rechte aus und beeinflußte diese in großem Maße.

So ist z. B. das vom Humanisten Ulrich Zäsy 1520 geschaffene Freiburger Stadtrecht nichts anderes als römisches Recht in deutscher Form. An die Lehre vom Innominatvertrag, die beim Tausch nur nach Vorleistung einen Erfüllungsanspruch gewährt (S. 93), denkt:

> *Freiburger Stadtrecht* II 6,1: Alldiewil die hab nit überantwurt, ist der tusch nichtig ... dann es ist ein blöder contract, der nit anders dann durch handreichung des getuschten dings gevestnet („bestärkt") wird.

Die humanistische Jurisprudenz in Frankreich *(mos Gallicus)* bediente sich im 16. Jhdt. der antiken Literatur, um die historische Entstehung des justinianischen Rechts aus dem klassischen Recht zu erforschen; sie hatte trotz aller glänzenden Ergebnisse (Jacques Cujas, 1522–1590, war ein bis heute unübertroffener Meister der Erklärung römischen Rechts) außer in den Niederlanden keinen großen Einfluß. Über die Niederlande gelangte der *mos Gallicus* nach Südafrika, wo heute noch römisches Recht als *Roman-Dutch Law* gilt. Die deutsche Rechtswissenschaft blieb beim *mos Italicus*, der unhistorischen Beschränkung auf justinianisches Recht ohne Berücksichtigung klassischen Rechts, und entwickelte im 17. und 18. Jhdt. den *usus modernus pandectarum* („heutiger Gebrauch der Digesten"), eine – mit Verlaub gesagt – geisttötende Methode des Umgangs mit dem Corpus Iuris. Bei Widersprüchen hatte die *Glossa ordinaria* Vorrang vor dem Text des Corpus Iuris, die Kommentare des Bartolus galten mehr als die Glosse („*Nemo jurista nisi Bartolista*" – „nur ein Bartolus-Anhänger ist ein Jurist"). Die Lehrer des Vernunftrechts (Grotius, Pufendorf, Wolff) reflektierten zur selben Zeit über die philosophischen und systematischen Grundlagen des Rechts und schufen die Voraussetzungen für eine neue Blüte der Rechtswissenschaft in der 2. Hälfte des 18. Jhdts. Schon begann man, das Gemeine Recht durch moderne Gesetzbücher abzulösen. Der bayerische *Codex Maximilianeus Bavaricus Civilis* (1756) stand noch sehr in der Tradition des Usus modernus, wenngleich er vernunftrechtliche Lehren in gelungener Weise einarbeitete. Das preußische *Allgemeine Landrecht* (1794) war eine Universalkodifizierung des gesamten Rechts in ca. 20 000 Paragraphen, die mehr auf dem Vernunftrecht als auf dem römischen Recht basierte; bei all seiner altväterlichen Behäbigkeit war das ALR das erste große Gesetzbuch des Liberalismus und der Aufklärung. Der *Code Civil des Français* (1804) war ein modernes Gesetzbuch, welches auf alles Überflüssige verzichtend gerade durch seinen hohen Abstraktionsgrad seine Lebensfähigkeit in der modernen Welt erwies und zahlreiche Tochtergesetze in der romanisch-sprechenden Welt hervorbrachte; inhaltlich stellt er eine Synthese zwischen römischem Recht und nordfranzösischem Gewohnheitsrecht dar. Das *Allgemeine Bürgerliche Gesetzbuch* Österreichs (1811) steht dem römischen Recht viel näher als der Code Civil, teilt aber mit ihm die abstrakte Gesetzestechnik und die Präzision der Begriffsbildung.

Schließlich wurde auch in Deutschland nach den Befreiungskriegen der Ruf nach einem nationalen Gesetzbuch laut. Auf Thibauts Programmschrift *Über die Notwendigkeit eines allgemeinen bürgerlichen Rechts für Deutschland* (1814) antwortete F. C. von Savigny schon wenige Wochen später mit der Gegenschrift *Vom Beruf unserer Zeit für Gesetzgebung und Rechtswissenschaft*, in welcher er das Recht als ein im Volke wachsendes Element nachwies, eine nationale Gesetzgebung zum damaligen Zeitpunkt scharf ablehnte und für die Beibehaltung des geltenden römischen Rechtes eintrat, weil seine Zeit das historisch gewachsene Recht noch nicht wissenschaftlich beherrsche. Savignys Ansicht setzte sich durch. So hatte Deutschland die Gelegenheit, die wirtschaftliche und soziale Entwicklung des 19. Jhdts. noch abzuwarten und erst gegen Ende des Jahrhunderts ein Gesetzbuch vorzulegen, welches die Anforderungen des Industriezeitalters berücksichtigte. Inzwischen war die deutsche „Pandektenwissenschaft" führend in der zeitgenössischen Rechtswissenschaft geworden, und als nach über 20jähriger gründlicher Vorarbeit das *Bürgerliche Gesetzbuch für das Deutsche Reich* am 24. August 1896 verkündet wurde und mit dem Jahr 1900 in Kraft trat, war es die Frucht einer jahrhundertelangen wissenschaftlichen und praktischen Beschäftigung mit dem römischen Recht und einer hierdurch gestalteten Rechtskultur. Das BGB blickte am 1. Januar 2000 auf die ersten 100 Jahre seiner Existenz zurück und hat das römische Recht in das neue Jahrtausend getragen.

Literaturverzeichnis

Die Belege für fast alles, was in diesem Buch dargestellt ist, finden sich in den Handbüchern des römischen Rechts, vor allem bei Kaser, Das römische Privatrecht I/II; Honsell/Mayer-Maly/Selb, Römisches Recht; Kaser/ Hackl, Das römische Zivilprozeßrecht; Wieacker, Römische Rechtsgeschichte I; Dulckeit / Schwarz / Waldstein, Römische Rechtsgeschichte. Einige besondere Probleme sind in neueren Aufsätzen behandelt worden, die über die Handbücher nicht leicht auffindbar sind, nämlich:

Etymologie von *vindex* (S. 17): O. Szemerényi, Etyma Latina III, in: Logos Semantikos. Studia linguistica in honorem Eugenio Coseriu III (Berlin 1981) S. 303 ff.

Deutung der Stabauflegung als Züchtigungssymbol (S. 18) und Erklärung der Manzipation als Scheinprozeß zur Veräußerung eigentlich unveräußerlicher Sachen (S. 21): J.G. Wolf, Funktion und Struktur der mancipatio, in: M.Humbert u.a. (Hrsg.), Mélanges de droit romain et d'histoire ancienne, Hommage à la mémoire de André Magdelain (Gap 1998) S. 501 ff.

Auguren als Träger des archaischen Rechts vor der XII-Tafel-Zeit (S. 57): U. Manthe, Stilistische Gemeinsamkeiten in den Fachsprachen der Juristen und Auguren der Römischen Republik, in: K. Zimmermann (Hrsg.), Der Stilbegriff in den Altertumswissenschaften (Rostock 1993) S. 69 ff.

Einfluß der griechischen Philosophie auf die römischen Juristen (S. 59 und 89): O. Behrends, Institutionelles und prinzipielles Denken im römischen Privatrecht, SZ 95 (1978) S. 187 ff.

Agere und *aio* (S. 68): U.Manthe, *Agere* und *aio*: Sprechakttheorie und Legisaktionen, in: M.J. Schermaier u.a. (Hrsg.), Iurisprudentia universalis, Festschrift für Theo Mayer-Maly zum 70. Geburtstag (Köln 2002) S. 431 ff.

I. Quellen

Corpus Iuris Civilis: I Institutiones, Digesta, edd. P. Krüger/Th. Mommsen (Berlin 1872, Dublin 1973[22]); II Codex, ed. P. Krüger (Berlin 1877, Dublin 1970[15]); III Novellae, edd. R. Schoell/Gu. Kroll (Berlin 1895, Dublin 1972[10])

O. Behrends/R. Knütel/B. Kupisch/H.H. Seiler, Corpus Iuris Civilis, Text und Übersetzung: I Institutionen (Heidelberg 1997[2]); II Digesten 1–10 (Heidelberg 1995); III Digesten 11–20 (Heidelberg 1999); IV Digesten 21–27 (Heidelberg 2005)

O. Behrends/R. Knütel/B. Kupisch/H. H. Seiler, Die Institutionen (Heidelberg 2007[3] = UTB 1764)

O. Lenel, Palingenesia Iuris Civilis I/II (Leipzig 1889, Graz 1960[2])

M. David, Gai institutiones (Leiden 1964[2])

U. Manthe, Gaius, Institutionen (Darmstadt 2010[2])

Fontes Iuris Romani Anteiustiniani (FIRA): I Leges, edd. S. Riccobono et al. (Florenz 1941[2]); II Auctores, ed. J. Baviera (Florenz 1939[2]); III Negotia, ed. V. Arangio-Ruiz (Florenz 1972[3])

Codex Theodosianus I 1/2; II, edd. Th. Mommsen/P. M. Meyer (Berlin 1904/5, 1971[4])

D. Flach/S. von der Lahr, Die Gesetze der römischen Republik (Darmstadt 1994)

Urkunden aus Transsylvanien: Corpus Inscriptionum Latinarum (CIL) III S. 921–960, 2215; aus Pompeji: CIL IV S. 275–454; aus Herkulaneum: Nachweise in Kaser, Das römische Privatrecht I § 57[24]; die neuesten Urkunden aus Pompeji: G. Camodeca, Tabulae Pompeianae Sulpiciorum (Rom 1999), 2 Bde.; J. G. Wolf, Neue Rechtsurkunden aus Pompeji (Darmstadt 2010); vom Toten Meer: N. Lewis, The Documents from the Bar Kokhba Period in the Cave of Letters. Greek Papyri (Jerusalem 1989); H. Cotton/A. Yardeni, Aramaic, Hebrew and Greek Documentary Texts from Nahal Hever and Other Sites (Oxford 1997)

II. Darstellungen der Rechtsgeschichte

W. Waldstein/J. M. Rainer, Römische Rechtsgeschichte (München 2005[10])

W. Kunkel/M. Schermaier, Römische Rechtsgeschichte (Köln 2001[13])

A. Söllner, Einführung in die römische Rechtsgeschichte (München 1996[5])

F. Wieacker, Römische Rechtsgeschichte I–II (München 1988/2006 = Handbuch der Altertumswissenschaft X 3.1)

M. Bretone, Geschichte des römischen Rechts (München 1992)

F. Schulz, Geschichte der römischen Rechtswissenschaft (Weimar 1961)

D. Liebs, Die Jurisprudenz im spätantiken Italien (Berlin 1987)

U. Wesel, Geschichte des Rechts (München 1997) 151 ff.

W. Kunkel, Herkunft und soziale Stellung der römischen Juristen (Graz 1967[2], Ndr. 2001)

L. Wenger, Die Quellen des römischen Rechts (Wien 1953)

P. Krüger, Geschichte der Quellen und Litteratur des römischen Rechts (München 1912[2])

H.-A. Rupprecht, Kleine Einführung in die Papyruskunde (Darmstadt 1994)

F. Bluhme, Die Ordnung der Fragmente in den Pandectentiteln, in: Zeitschrift für geschichtliche Rechtswissenschaft 4 (1820) S. 257–472

T. Honoré, Tribonian (Oxford 1978)

III. Römisches Privatrecht und Zivilprozeßrecht

M. Kaser, Das römische Privatrecht I/II (München 1971[2]/1975[2] = Handbuch der Altertumswissenschaft X 3.3.1/2)

H. Honsell / Th. Mayer-Maly/W.Selb, Römisches Recht (Berlin 1987)

M. Kaser / R. Knütel, Römisches Privatrecht. Ein Studienbuch (München 2008[19])

P. Apathy/G. Klingenberg/H. Stiegler, Einführung in das römische Recht (Wien 2002[3])

H. Honsell, Römisches Recht (Berlin 1997[4])

Th. Mayer-Maly, Römisches Privatrecht (Wien 1999[2])

H. Hausmaninger/W. Selb, Römisches Privatrecht (Wien 1997[8])

D. Liebs, Römisches Recht (Göttingen 2004[6] = UTB 465)

A. Bürge, Römisches Privatrecht (Darmstadt 1999)

E. Levy, Weströmisches Vulgarrecht: Das Obligationenrecht (Weimar 1956)

E. Levy, West Roman Vulgar Law: The Law of Property (Philadelphia 1951)

M. Kaser / K. Hackl, Das römische Zivilprozeßrecht (München 1996[2])

O. Lenel, Das Edictum Perpetuum (Leipzig 1927[3])

IV. Öffentliches Recht und Strafrecht

Th. Mommsen, Römisches Staatsrecht I/II (Leipzig 1887[3]), III (Leipzig 1888[3]) mit J. Malitz, Stellenregister zu Mommsen, Römisches Staatsrecht (München 1979)

J. Bleicken, Die Verfassung der römischen Republik (Paderborn 2000[8] = UTB 460)

J. Bleicken, Verfassungs- und Sozialgeschichte des römischen Kaiserreiches I/II (Paderborn 1995[4]/1994[3] = UTB 838/839)

W. Kunkel/R. Wittmann, Staatsordnung und Staatspraxis der römischen Republik II (1995 = Handbuch der Altertumswissenschaft X 3.2.2)

J.M. Rainer, Einführung in das römische Staatsrecht (Darmstadt 1997)

Th. Mommsen, Römisches Strafrecht (Leipzig 1899) mit J. Malitz, Stellenregister zu Mommsen, Römisches Strafrecht (München 1982)

V. Gemeines Recht und Pandektenrecht

G. Wesenberg/G. Wesener, Neuere Privatrechtsgeschichte (Wien 1985[4])

F. Wieacker, Privatrechtsgeschichte der Neuzeit (Göttingen 1967[2])

P.G. Stein, Römisches Recht und Europa (Frankfurt 1996 = Fischer 60102)

P. Koschaker, Europa und das römische Recht (München 1966[4])

B. Windscheid/Th. Kipp, Lehrbuch des Pandektenrechts I–III (Frankfurt 1906[9])

VI. Nachschlagewerke

H. Heumann/E. Seckel, Handlexikon zu den Quellen des römischen Rechts (Graz 1971[11])

G. Pauly/G. Wissowa (Hrsg.), Realencyclopädie der classischen Altertumswissenschaft, 83 Halbbände mit 2 Registerbänden (Stuttgart 1894–1997) = RE

K. Ziegler u.a. (Hrsg.), Der Kleine Pauly I–V (Stuttgart 1964–1975; Nachdruck 1979 = dtv 5963) = Kl. Pauly

H. Cancik u.a. (Hrsg.), Der Neue Pauly, 19 Bde. (Stuttgart 1996–2003) = DNP.

VII. Zeitschriften (Auswahl)

Zeitschrift der Savigny-Stiftung für Rechtsgeschichte, Romanistische Abteilung (Weimar u.a., seit 1880) = SZ = ZRG = ZSav. Rom.

Labeo. Rassegna di diritto romano (Neapel, 1955–2004)

Tijdschrift voor Rechtsgeschiedenis (Haarlem u.a., seit 1918) = TR

Orbis Iuris Romani (Trnava, seit 1995)

Register

C.H.BECK ■ WISSEN

Zuletzt erschienen: